大夏书系·有效教学

余文森 著

有效教学十讲

华东师范大学出版社

目 录

第一讲　教学的有效性
教学的有效性究竟指什么 ………………………………… 3
新课程教学的有效性主要表现在哪里 …………………… 15
如何克服无效和低效的教学 ……………………………… 19
怎样从有效教学走向优质教学 …………………………… 25

第二讲　教学的生成性
新课程为什么凸显教学的生成性 ………………………… 35
强调生成性是否意味着否定预设 ………………………… 47
当前教学实践中存在哪些生成误区 ……………………… 51
如何处理预设与生成的关系 ……………………………… 56

第三讲　三维目标
三维目标是三种目标吗 …………………………………… 65
强调三维目标是否意味着否定"双基" …………………… 69
怎么处理知识技能与过程方法的关系 …………………… 72
怎样在教学中关注情感、态度和价值观 ………………… 77

第四讲　教学情境

为什么要创设教学情境，教学情境有什么意义 …………… 85
教学情境有哪些主要类型 …………………………………… 91
当前教学情境创设存在哪些误区 …………………………… 102
如何创设有价值的教学情境 ………………………………… 107

第五讲　教学关系

学生究竟具有哪些特性 ……………………………………… 121
教师的态度如何影响学生的成长 …………………………… 129
如何建立师生共同发展的教学关系 ………………………… 133
为什么要提倡和强调对话 …………………………………… 138

第六讲　有效教学的三条"铁律"

第一条铁律："先学后教"——以学定教 …………………… 149
第二条铁律："先教后学"——以教导学 …………………… 155
第三条铁律："温故知新"——学会了才有兴趣 …………… 161

第七讲　新课程教学改革成绩与问题反思

第一方面：三维目标确立与教学目标虚化 ………………… 167
第二方面：课程资源开发与教学内容泛化 ………………… 170
第三方面：学生主体性的凸显与教师使命的缺失 ………… 174
第四方面：教学方式的多样化与教学过程的形式化 ……… 179

第八讲 新课程学习方式的基本特性

主动性 ……………………………………………… 187
独立性 ……………………………………………… 189
独特性 ……………………………………………… 190
意义性 ……………………………………………… 192
交往性 ……………………………………………… 194
体验性 ……………………………………………… 196
问题性 ……………………………………………… 198
创新性 ……………………………………………… 200

第九讲 校本研究的三个基本要素

自我反思 …………………………………………… 205
同伴互助 …………………………………………… 216
专业引领 …………………………………………… 229

第十讲 校本研究的三种基本类型

第一种类型：教学型教研 ………………………… 241
第二种类型：研究型教研 ………………………… 248
第三种类型：学习型教研 ………………………… 256

后　记 ……………………………………………… 263

第一讲 教学的有效性

各位老师，今天我们一起学习、讨论教学的有效性问题。

大家都知道有效性的意义和价值。可以说有效性是所有教育、教学改革的共同追求。哪一项改革不追求有效性呢？所谓的改革也是针对传统的低效和无效而开展的。我想我们老师追求教学的有效性就像我们每个人追求幸福一样，哪个教师不愿意自己的教学是有效的？所以，怎么强调有效性，我想都不为过。新课程也不例外。课程改革一开始就把对有效性的追求作为一个非常重要的目标。

首先，我们做一个简单的回顾：新课程实施五年来，课堂教学改革沿着素质教育的方向扎实地推进，取得了阶段性和实质性的成果。大家注意我用了两个限定词：一个是"阶段性"，另一个是"实质性"。当然到现在为止，五年仅仅是一个小小的阶段，所以我用一个"阶段性"；第二个"实质性"用来说明改革的进展和成效。五年来的变化是深刻的而不是表层的，所以我们用了一个实质性的变化、实质性的进展、实质性的成绩来界定，但是，还不能说我们已经取得了决定性的、最终的胜利。课程改革的路是非常漫长的，但是我们应该对整个课程改革的走向充满信心。这五年我们取得这样一个成绩是非常不容易的，但是我们应该看到由于我们对新课程的理念理解认识可能还不是非常到位，或者存在一些偏差，以及我们实施过程当中缺乏一些必要的经验和能力，所以课堂教学改革还存在着形式化和低效化的问题。可以说课程改革在课堂这个层面遭遇到的最根本的问题，或者说最大的挑战，也可以说受到的最强烈的批评就是课堂的低效问题。如果我们能够解决这个问题，课程改革就能够持续深入推进，所以我把有效性看成是课程改革成败存亡的命脉、命根子，所以我刚才提到怎么强调有效性都不为过。课程改革在实施这个层面、课堂这个层面能不能进行下去，能够进行到什么程度，就取决于课堂教学的有效性。

有效性这个专题，我们重点讨论以下四个问题：

第一个问题，教学有效性究竟指什么？

第二个问题，新课程教学的有效性主要表现在哪里？

第三个问题，如何克服无效和低效的教学？

第四个问题，怎样从有效教学走向优质教学？

追求幸福是我们每个人的价值取向，但是首先要有一个正确的幸福指标，有效性也是一样的。什么东西是有效的？有效性究竟指什么？教学有效性究竟指什么，主要表现在哪里？

教学的有效性究竟指什么

我想从关于有效性的一个隐喻开始讲起，它是这样的：

企业之间的竞争就好比穿越一块玉米地，穿越玉米地比什么？

第一，比谁穿得快。比从玉米地的这一端穿到另一端谁用的时间最短，谁第一个到达目的地。这比的是速度。

第二，比穿越玉米地的过程当中，谁掰的玉米多。你第一个跑到目的地，可是却两手空空，那也不行。你第一个学完可是你没有什么收获怎么可以呢？所以我们还要比谁掰的玉米多。这实际上是效益——我们讲的有效性的一个最核心的指标。从传统的眼光来看，有效性一般就是指这两个指标了——谁跑得最快、谁掰的玉米最多——这就是有效了。但是，现在企业不这样认为了。现在衡量企业的有效性，还有一个非常重要的杠杆和指标，是什么呢？

安全！

这讲的是什么意思呢？就是说在掰玉米的过程当中，玉米的叶子可能会刮破你的皮肤，所以我们还要考察你受伤的情况。这三个指标：速度、收益、安全，就是现代企业有效性三个相互关联的层面，必须综合考虑。对一个企业来说，单纯追求一个指标是容易的。难的是什么？是综合。大家可以看一看，你跑得最快，可是你伤痕累累，没什么收获；你收获很多，可是你速度非常慢，皮肤被划破的伤口非常多，也不行；你速度非常慢，一个玉米也没掰到，你当然安全、悠闲了，但是没有收获，也不行。所以这三个指标要综合考量。这就是现代企业的有效性，要同时比这三个方面。

我刚才讲的这个隐喻与教学的有效性有什么关系呢？教学的有效性最终要落到哪里？要落到学生的学习上。我们通过刚才这个隐喻，回过头来分析一下学习的有效性。我们对应考量学习的有效性，同样有这三个方面的指标：第一个指标是什么呢？学习速度。第二个指标是学习结果。第三个呢？就是学习体验。

第一个指标就是速度了。学习速度就是指学习特定内容所花费的时间。学习速度实际上就是指学习效率，学习特定内容所花费的时间越少，说明你学习效率越高。学习特定内容所花时间的多少是我们考量的一个指标。同样学习一门课、一个单元，我花的时间比你少，如果效果是一样的话，当然我的有效性就比你高了。这是第一个指标。

第二个指标就是经过学习学生所发生的变化、进步和取得的成绩。我们主要把学习结果定位或局限在认知这个层面，希望每节课，或者说每次学习之后学生都能有实实在在的收获。它主要表现在：从不知到知、从知之少到知之多、从不会到会、从不能到能，等等。这个变化就是我们通常所说的有效性，这是考察有效性的一个核心的指标。

第三个指标就是学习体验。我们用两个词描述学生的学习体验，一个词是伴随。这个"伴随"讲的就是一种状态，学生以什么样的状态——是生气勃勃、喜气洋洋、其乐融融，还是愁眉苦脸、冷漠呆滞——进行学习，效果是很不一样的。另外一个词叫"生发"。学生可能觉得学习过程没那么有趣，但是学完以后觉得蛮有价值，心理学把前面叫作"过程兴趣"，这叫做"结果兴趣"。他可能对过程不是很感兴趣，但是他对学习结果感兴趣，这个就是生发出来的兴趣。伴随着某个学科学习的进展，或者说你的学科知识获得的越来越多，那么你对学科学习的兴趣是不是越来越强，这个体验是非常重要的。我们大家知道新课程目标有三个维度，那么我们考量学生学习也应由过去的一个维度变成现在的三个维度，从三个维度来考量学生学习的有效性。

这里我想从一个更高、更宽阔的视野来分析这三个指标。

第一，我们再来考量一下学习速度。

学习时间控制对我们来说可能是最为重要的。首先是确定"学习时间是有限的"意识。学习时间不是无限的。这意味着什么？就是提高学习的有效性不能单靠延长学习时间来进行。学习时间是有限的，我的班级跟你的班级比成绩，我首先要追问的是我们两个班学生学习的时间是多少。我在这里对学习时间做了一个梳理。学习时间包括这么几块：第一，指向学校课程的学习时间。它包括学校每门课程的学习时间。每门课程的学习时间又包括两块：一个是课时，比如现在高中开始实行学分制了，你一门课程周课时是多少；另一个是围绕这门课学生在课外所花的时间，比如学生学完课程以后要做作业、预习，甚至要做相关的练习或者相关的准备等等，我们都统称为一门课程的学习时间。所有课程的学习时间加起来就是学生在学校的学习时间。学校学习时间也不是学习时间的全部，因为除了学校的学习时间——指向课程的学习，还应该给学生留有自由——就是指向个人的学习时间，如学生根据自己的兴趣、爱好、专长在课外校外自由学习，这就是指向个人的学习时间。

学习时间是由这两块组成的。学生应该以学习为主，但是我们同时要确立这样一个理念，就是学习不是生活的全部，学生的生活应该是丰富多彩的。苏霍姆林斯基早就告诫我们：儿童的学习不是他的全部。苏霍姆林斯基是很重视儿童教育的教育家，他强调学习不是儿童的全部，儿童的生活应该是丰富多彩的，除了学习——包括学校课程的学习和指向个人兴趣、爱好、专长的学习，还应该有非学习时间。这个非学习时间包括必要的游戏、休闲、玩耍、劳动、制作、审美，还有交友等等相关的精神生活，他的生活应该是非常丰富多彩的。这个是儿童的生活时间。总之，我们把学生时间分为两部分：一是学习时间，二是非学习时间。

我为什么要做这样的分析呢？我的目的是强调这样一个观念：儿童的学习时间是有限的，甚至从苏霍姆林斯基的观点来看，他的学校有一个非常显著的跟其他学校不一样的一个变革。叫什么？叫"解放下半日"。每天的下半日是自由的。在他的学校里面，不管是小学，还是中学都是这样的——下午是属于儿童的时间。这个时间，既可用来发展学生的兴趣、特长、爱好，也可用来运动、活动、游戏、玩耍、休闲等等。我们设想一下，如果一个学生的知识都来自于教师、来自于学校的话，这个学生是不可能有很大出息的。相反，如果在一个孩子的脑子里面，学校老师教给他的知识只占他所有知识的一小部分，这个比例越小，那么这孩子将来肯定越了不起。也就是说他自己学到的知识要比学校老师教给他的要多得多，这孩子将来肯定更有出息。我们可以想一想，几乎所有科学家、伟人的成长，都说明了这样一条颠覆不了的真理——没有一个了不起的科学家说："我以前只学老师教的，只学学校教的。"所以，我想，一个高明的校领导、一个了不起的老师，应该考虑到这一点：你不能占据学生学习的全部时间，一定要"解放儿童"！教育家陶行知就一直强调"解放儿童"。

现在问题出在哪里呢？就是我们把学校的学习时间、学校课程——我们也称为课业的学习时间无限膨胀了，挤占了孩子个性化的学习时间。比如孩子在小学还好，一到初中钢琴也不能弹了，歌也不能唱了，舞也不能跳了，什么活动都不能参加了。我们用学校课程学习的时间挤占了学生课外学习的时间，学生几乎没有个性化的学习。如果所有的孩子掌握的知识都是一模一样的，这绝对是国家的灾难！

那怎么让每个孩子拥有不同的知识、个性化的知识、个人知识呢？就是给他属于自己的自由空间，让他根据自己的兴趣、爱好、专长来学习。学校和老师要保证这块时间和空间！我们现在的问题就在这里，因为学校的课业负担太重了，挤占了儿童的个人学习时间。这里我们讲的学习，主要是针对课程的学习，不仅如此，更为严重的是这个课程学习时间无限膨胀，挤压得学生喘不过气来。非学习时间没有了，甚至生存时间都成问题了。我们曾经对高中学生的作息时间做过调查，高中生每天睡眠时间不足6个小时的占很高比例。大家想想看，在他们的身心健康都受到威胁的情况下，还讲什么有效性？你想想看，如果你是一个高中学校的校长，你的学生每天睡眠时间不到6个小时，纵然有很多学生考上清华、北大，你又有什么好自豪的！这是以牺牲学生的健康为代价的。所以我有一句话：我们追求学业成绩，在这种体制下，我们也不得不追求考试分数，但是，所有的这些追求都不能以牺牲儿童的身心健康为代价！否则，我们要付出沉重的代价！在任何时候都要确立这样的意识：在任何时候都不能以牺牲儿童的健康，更不能以牺牲儿童的天性和品性来获得所谓的有效性、获得学业成绩，这是非常不值得的！

我们要确立节约时间的意识，提高学习效率，把更多的时间还给儿童。这是我们考察、讨论学习有效性的前提，也是第一个指标。

第二个考量指标：学习结果。

从传统的角度来分析，学习结果主要表现在学业成绩上面，但是我们现在要强调，考量学习结果，不仅要考量学生的学业成绩，我想下面两个指标可能更重要：一是智慧含金量。"智慧含金量"包括两层含义：你考80分，他考90分，可是这个学业成绩是怎么获得的？是靠时间、记忆、死记硬背、机械操练、复制获得的，还是靠自己的思考、创造性的思维获得的？你是怎么获得这个成绩的？这是非常重要的一个问题。我们先不考量时间，先考量是什么样的一种精神劳动——精神劳动有低层次和高层次之分。这是第一个指标——智慧含金量。第二个指标就是这个学业成绩它本身内含的智慧价值。我们说得再简单一点，试卷里边所有的题目，是智慧性的题目，还是知识性的题目；是学生只要凭知识技能就会解答的问题，还是必须经过创造性的思考才能解决的问题。所以你不能纯粹地为所谓的学业成绩沾沾自喜，还必须考量它的智慧含金量。所以我们的新课程坚定不移地推进素质教育——素质教育最核心的精神是什么？是创新精神、实践能力。学生学业成绩里面有没有创新的含金量，要看学生完全凭死记硬背、练习，就能取得高分，还是必须经过创造性思维、有个性化的东西才能获得高分。

大家都知道，我们中国留学生在外国，老师教的东西肯定是我们掌握得最好的，但是，国外大学的成绩，不仅仅要求学生掌握老师教的东西，更重要的是有个性化的东西。很多国外的大学教学要求非常明确，学生把老师教的、把老师这一学期讲的都背得滚瓜烂熟，最多只能及格，学生必须要有个性化的东西。这些大学学业成绩的含金量相对来讲就比我们的大学高得多。我们的大学，可能是我在讲大家在听，然后考前笔记背一背，这个含金量肯定是比较低的。所以，我们还要考量学业成绩的含金量。

这里我还要再强调一下成本意识。你获得这个学业成绩所花的时间，比如你获得 90 分，可是你花了很多时间。我曾经看到一个有关亚太地区初中数学水平测试的报道：单看成绩我们感到非常自豪，在二十来个国家、地区当中，中国内地排第一名，第二名是韩国，但是我们比韩国就多一分左右。我想大家看了这个成绩，特别是数学老师可能都会沾沾自喜，觉得非常高兴，非常自豪，但是，你如果看了附加的一份调查，我想你就自豪不起来了。这份调查说明中国内地的初中学生，课后花在数学学习上的时间是韩国学生的三倍。也就是说韩国学生可能每天花半个小时的时间就把作业做完了，而我们要花一个半小时的时间，这个成本就太高了吧。

有个非常著名的高中数学老师跟我谈过他的忧虑。他说，现在的高中生，特别是高三的学生，为了追求所谓高分已经没法过正常人的生活了。比如，过正常人的生活可以考 600 分，现在不过正常人的生活——他已经没有正常的业余生活了，全部时间投入学习——他可能会提高 10 分，甚至可以提高 20 分，但是为了提高这 10 分、20 分，他要多花几倍的时间，他要牺牲自己所有的个性化的学习和个人的时间，甚至影响他的健康。他认为这个代价太昂贵了！而且提高这 10 分、20 分对他的智慧增长是没有贡献的，也就是说，你的智慧已经达到这个高度了，相应地就可以取得这样一个考试成绩了。再多做练习，只能提高分数而对他的整个智慧提升已经没有多大贡献了。所以他认为如果全民族每个人都这样，这个国家的成本就太高了。你看，学生本来还有自己的兴趣爱好，现在没有兴趣爱好了，就像我前面所说的课程学习时间挤占了他们所有的学习时间，甚至影响了他们的生活、生存，这个代价就太昂贵了。所以，我们考察这个学习结果，不能仅仅看学业成绩，还要看其他一些相关的因素。

第三个考量指标：学习体验。

为什么我们现在把学习体验——就像我们刚才讲的企业的安全——看成是学习有效性的一个重要的指标呢？我把它看成是一个内隐性的指标，这个指标你是看不见的，但是，它是非常非常重要的，它类似于企业的安全。如果学生能够体验到学习的乐趣，体验到学习的欢乐，我认为这是整个童年的幸福——人一生的幸福的基本前提和保证！我去超市买东西，经常看到有的孩子蹲在超市的书架下面非常入迷地看书，我就感到这孩子特别幸福。一个把读书看成是苦差事、一读书就愁眉苦脸的孩子，我想他的童年，乃至他的整个人生就会失去很多乐趣。享受学习的乐趣和欢乐是儿童幸福人生的前提。

进一步说，只有享受到学习的乐趣，才能够养成学习习惯，才能够确立终身学习的意识。要把学习变成你的一种习惯、一种生活、一种品质。如果你感到学习是令人非常烦躁、非常苦恼的事情，那它就是外在于你了，也不可能成为你的品质和习惯；只有你感受、体验到学习的乐趣和欢乐，你才能自然地养成这种习惯，你不读书还会觉得难受。所以，我们强调学习体验的重要性。

当然，所有的问题、所有的讨论都不能走向极端，比如，我不顾学习速度，也不考虑学习收益，我只考虑让儿童开心，就像台湾所批评的"快乐学习，安乐死"，当然不行。因为现在的社会毕竟还是竞争的社会，还是讲究效率的社会，所以这三个指标必须综合考量。但是，我们现在关注学习体验太少了。

新课程这几年来比较关注这个问题，关注学生是不是爱学习。我们课程改革做了很多努力，包括教科书的编写，我们都非常关注用儿童的视角——我们称为"儿童文化"——来编写教科书。用儿童的眼光来看待各种事物，实际上就是让儿童体验到读书跟他的生活、跟他的人生是密切相关的，学习是一件很有意义的事情。

刚才讲的是关于有效的学。接下来，我再对有效的教简单地做点分析。

教是促进学的。我们讲所有的教学有效性、教学质量的落脚点都在学上。有效的教指的就是教促进学。我把这种促进分成两种：一种是直接促进，另一种是间接促进。

"直接的促进"就是说老师讲完课，学生学得更多、更快、更深、更容易，如果没有老师教，学生这节课可能学得很慢，学得很浅，理解得很不到位，但是，老师一教学生马上就感到有收获、有提高了。这就是直接的促进了。

什么叫"间接的促进"呢？"间接的促进"指的是老师不是教现成的知识，而是通过老师的教，学生从中慢慢悟出了学习的道理、掌握了方法、提高了思维能力，那么以后他就慢慢地摆脱对教师的依赖，不要老师教也能学了。这就是间接的促进。"教是为了不教。"

我把直接的促进称为短效，间接的促进叫长效，它是有后劲的。我们的学生在跟西方的孩子比时，我们经常讲的一句话叫"赢在起点，输在终点"，讲的就是这个意思。因为国外的孩子，从小就强调自主自立，所以，学习进展可能缓慢一些，这是肯定的。而我们都是老师全包了，一下子就学得很多——老师抱着他走当然走得快了，而国外的小孩子跌跌撞撞地自己走，当然一开始就慢些。当然现在也有人追问这起点本身就是有问题的，要不然为什么会"赢在起点，输在终点"？因为你起点有问题，这个起点是不全面的，是有问题的。实际上，这是对学生发展有危害的起点。

现在，包括我们中学生的奥赛都受到有关专家的质疑和批评，我们奥赛奖牌的获得都来自大量、长时间的训练、灌输。要不，从逻辑上来讲，奥赛奖牌都能拿这么多回来的国家，拿诺贝尔奖应该是不成问题的，是不是？为什么事实不是这样呢？这就要考量这种教育的发展后劲。

当然教有直接促进和间接促进，不管是直接促进还是间接促进，反正都是促进学生的学，这种教都是有效的教。

接下来，我们就要分析"无效的教"。"无效的教"就是教不是促进学而是阻碍学。我们当老师都当了这么多年，想一想，什么情况下教会阻碍学？

我也把它分为两种：一种是看得见的阻碍，是显性的，还有一种是看不见的阻碍，是隐性的。

我经常到中小学听课，有的老师讲课条理不清楚，课堂毫无情趣、死气沉沉，这种教就是很直接地阻碍学生学——学生越学越没劲；另一种我把它叫做隐性的阻碍，老师讲的都是学生懂的东西，或者说都是学生看书都能看懂的东西，这个教也是阻碍学的。为什么？它阻碍了学生独立学习能力的发展。

如果从教育学未来的角度来定位教的有效性，我想最核心、最本质的定位就是发展。有效教学意味着通过教学使学生获得发展。这是新课程对教的有效性的定位。

那么，我们追问一下，发展指什么？新课程秉持什么样的发展观？我们对发展观做一个简单的梳理：

首先，是发展的内涵。

这个也是新课程独特的理论贡献：什么叫发展？发展究竟有哪些内涵？

新课程提出了自己的观点叫"三维目标的统一"——知识技能、过程方法、情感态度价值观——这三个维度整合才构成发展，也就是说，你的教学要促进发展，在传授知识、训练技能的同时，一定要让学生掌握方法、进入某种过程，并且形成正确的情感态度和价值观。只有这样的教学，才会促进发展，才是有效的教学——这就是新课程对教的有效性的定位。

我们去听课，要考察老师这节课教的有效性，就看他是不是围绕这三个维度来展开，缺少任何一个维度都不能促进发展，至少不能促进学生和谐发展——最多是片面的发展——这节课我只关注知识技能，或者说我的教学只关注过程方法，或者我的教学只注重情感态度价值观——这都是瘸腿的、片面的教学，它只能导致片面的发展，这不是我们新课程的理念。

任何一种改革、一种理念，它都有自己的追求。新课程的追求就是这三个维度要统一，要和谐发展。当然，我们以后还会分析，这三者也有它相对独立的一面，从某个角度来说可能还有孤立的一面。但是，我们强调的一定是三个维度的整合，才能构成发展。这是发展的内涵。

第二，发展的层次。

就是现有发展水平跟最近发展水平，这是心理学对我们教学理论、教学实践影响最大的理论之一。

人的发展有两个水平：第一个叫现有发展水平。在这个水平里面，孩子可以独立完成自己的功课、自己的学习任务。我刚才讲的阻碍学的教——隐性的阻碍——就是指的这种阻碍，就是说这个问题、这本书，或者这个单元、这篇课文、这节内容，学生可以通过独立阅读解决，而老师还拼命地教，这样的教就会阻碍发展。第二个叫最近发展水平。就是说，孩子们刚刚接触这个问题，不能够独立解决，他必须在老师的教导下，在同学的合作、帮助下才能解决问题，那么，这个问题就处在最近发展区。

我们的教学就要立足于现有发展区，针对最近发展区的问题来展开，这样的教学才会促进发展。我们的传统教学有一个非常形象的比喻，叫"跳一跳摘果子"，你站在那里摘不到果实，你必须跳一跳或者搬一张椅子，才能摘到果子，这样的教学就是针对最近发展区的教学。

我们的教学要瞄准、针对这个发展区，通过教学不断地把最近发展区转化为现有发展区，把不会的变成会的，把不能的转化为能的。这种教学对促进学生发展就非常有成效，如果你的教学老是停留在现有发展区里面，学生虽然获得知识，但是他的智慧不会有什么发展。

第三，发展的机制。

学生的发展按其发展的内在机制看有两种：一种叫预设性的发展，一种叫生成性的发展。预设性的发展就是说，这个发展是可以预计得到的，老师讲得很清楚，书本写得很明白，学生学完、听完以后就掌握了。这个掌握与不掌握是可以预设的，可以预计得到的。新课程还强调什么呢？生成。就是说很多发展是不可预料的。人是活的，生命和思维都是流动的，有很多是无法预设的。那么，相应地，发展也有两种：预设性的发展和生成性的发展。我们的教学不能只关注预设性的发展，还要关注生成性的发展。那么，这样的教学在新课程看来就是有效的教学，如果只关注预设性的发展，这个教学可能就是低效的，至少这种教学会变得很机械、很沉闷。

第四，发展的时间。

从时间的维度来理解，学生的发展也可以分为两种：眼前发展跟长远发展。我想，最重要的是要确立一种为学生终身发展负责的教育理念。我可能只教孩子6年，甚至只教孩子5年，4年，3年，2年，但是，我要为孩子30年、40年、50年、60年的发展负责。

从可持续性发展思想来看，我们传统教学的一些经验是有问题的，比如，传统教学有个很成功的经验叫"过关"——单元过关、学期过关、年段过关——这个经验在那个时代可能是非常可取的，但是从人的一生的可持续性发展角度来看、从科学发展观角度来看，可能就有问题。我教三年级只管三年级"过关"，我教小学只管小学"过关"，这种观点肯定是不到位的。我自己经常在大学跟老师们也是这样讲，我们教孩子4年，但是要为他40年的发展负责。要有这样一个长远的理念来看待教学。不能短视，不能急功近利，要确立终身可持续发展的理念。大家都知道，基础教育本身就是为人打基础的,是不可能直接来比较的。评价效益的高低,要有这样的一个终身可持续发展的理念。

最后一个,发展的主体。

发展的落脚点落在哪里?我想,我们传统教学的关注点就是学生的发展,但是新课程还强调教师的发展。过去,我们认为老师就是蜡烛,老师最重要的就是燃烧自己照亮学生,这其实是一种不人道的教育理念。通过教学不仅应使学生获得发展,老师也要得到提升,实现真正意义上的"教学相长",这也是新课程的一个核心理念。就整个教学过程而言,我们前面讲得比较多的是"教促进学",实际上,这个过程也应该成为教师专业自我提升、自我发展的过程。如果不是这样,教促进学只能是一时的、不可持续的、不可长久的,一定要教学相长。老师教学的内在动力一定还来自于他教完后,他自己也有所提高、有所长进,这是一个内在的机制、内在的动力。教师不断从教学当中获得教育智慧、获得专业成长,这是教学最根本的吸引力。没有这个吸引力,教学更多地可能要靠外在的动力来推进,这就很难可持续发展。我想这也是新课程先进的理念,不仅要关注学生的发展,同时也要关注教师的发展。

那么,什么是有效的教学呢?既促进学生发展又促进教师自我成长的教学,才是有效的教学。

用新课程理念教学，学生明显地爱学习了，自信心增强了，能自己提出问题并寻求解决办法了，有自己的见解了，学习的渠道和空间拓宽了，表达能力和学习能力提高了，交流和合作的机会多了，尝试探索和实践的意识和能力增强了。

新课程教学的有效性主要表现在哪里

受教育部委托的素质教育专家调研组在对义务教育课程改革进行全面深入的调研后，得出这样的结论：课程改革使我国基础教育发生了本质的、积极的变化。一位小学教师在写给《中国教师报》的文章中谈到，真正扎实地搞课改的教师，都有一个共同的感觉：用新课程理念教学，学生明显地爱学习了，自信心增强了，能自己提出问题并寻求解决的办法了，有自己的见解了，学习的渠道和空间拓宽了，表达能力和学习能力提高了，交流和合作的机会多了，尝试探索和实践的意识和能力增强了，等等。这些方面的变化使学生学习更有"后劲"，对今后的发展会有不可估量的作用，这难道不是学生终身发展必需的"基础"么？

总之，我们认为，新课程在提高教学有效性上作出了积极的努力，取得了实质性的进展，其中突出表现在以下几个方面：

一、学生变了

学生变得爱学习了。

让学习成为学生的一种精神需要，而不是一种外在压力，改变学生的学习状态和学习体验，使儿童从"受逼"学习的状态中解脱出来，让学生变得爱读书、爱学习，这是课程改革的头等大事和教学改革的首要任务。可以说，让学生爱学、乐学，给儿童一个幸福的童年，也是一线教师的共同心声。一名教师说，看到学生快乐、幸福，自己也变得快乐、幸福了。我们在实验区调研时，深切地感受到：学生变了，变得爱学习了，学校成了学生向往的地方了。一位老师十分动情地写道："孩子们在课堂上不时蹦出精彩的发言，展现出可爱的动作，流露出欣喜的眼神。每当此时，我就会感到无限的快乐和满足。我常常情不自禁地想：我要是也像他们那么大，也能沐浴课改的春风，多幸福！"

学生综合素质明显提高了。

在实验区调研时，一位小学老校长十分自信地告诉我们："课改不一定能提高学生考试成绩，但一定能提高学生综合素质！"学生综合素质的高低，是判断课改成败得失的一条根本标准。本次课改的一个主要出发点就是提高学生的综合素质，二十一世纪需要的不是应试高手，而是综合素质高的人才。课改几年来，学生综合素质明显提高了，突出表现在：

学生识字量增大了、阅读能力提高了；

学生搜集信息和处理信息的能力提高了；

学生交流和表达能力提高了；

学生质疑创新能力提高了；

学生动手实践能力提高了。

我们在听课时还发现一个重要的事实：小学高年级学生比低年级的学生在自主、合作、探究学习的行为、方式、习惯、技能、能力等方面有着更明显的进步。很多老师满怀信心地告诉我们："课改这样搞下去，学生将来不得了！"

二、教师变了

教师的观念变了。

新课程改变了教师仅把课程当作教科书或科目的观念，教师不再是课本知识的可怜的解释者,课程的忠实执行者,而是与专家、学生等一起构建新课程的合作者。新课程的民主性、开放性、科学性,让教师找到了课程的感觉,形成了课程的意识。以教材为平台和依据,充分地挖掘、开发和利用各种课程资源,已经成为教师的一种自觉行为。教学中再也不以课本为本,把教材作为"圣经"解读,而是十分注重书本知识向生活的回归,向儿童经验的回归,十分注意对书本意义的多样化解读。因此,教学不再只是忠实地传递和接受课程的过程,更是课程创生与开发的过程。

教师的角色变了。

新课程把"教师即研究者"这一理念提上了议事日程,促进了这一理念向现实的转化。教师自己就应该是一个研究者,实际上,在新课程实施的过程中,广大教师参与教学研究的积极性、主动性被极大地激发出来。在教学的同时,积极开展研究,促使教学与研究"共生互补"。不少教师坚持写实验日记、教学反思和教育随笔。教师之间随时在一起讨论实验中的问题,主动把自己的问题提出来,请别人为自己提供帮助,自己也为别人提供帮助。这样的研讨,能使教师身边发生的、与教师有密切关系的问题在这个过程中适时得到解决,也使他们真切感受到了成功的喜悦。

我们欣喜地看到,实验教师正在与新课程一起成长,新课程的实施有力促进了教师的专业化成长。

三、课堂教学变了

课堂教学目标变了。

新课程的课堂教学十分注重追求知识、技能,过程、方法,情感、态度、价值观三个方面的有机整合,在知识教学的同时,关注过程方法和情感体验。突出表现在:①把过程方法视为课堂教学的重要目标,从而从课程目标的高度突出了过程方法的地位;尽量让学生通过自己的阅读、探索、思考、观察、操作、想象、质疑和创新等丰富多彩的认识过程来获得知识,使结论和过程有机融合起来,知识和能力和谐发展;②关注学生的情感生活和情感体验，努力使课堂教学过程成为学生一种愉悦的情绪生活和积极的情感体验；关注学生的道德生活和人格养成，努力使教学过程成为学生一种高尚的道德生活和丰富的人生体验。这种对人的情感和道德的普遍关注是传统的知识本位的课堂教学所难以想象的，也难以企及的。用实验教师自己的话说："现在的课堂不能只有知识的授受，还要关心学生是怎么学会的，他们学的过程有什么样的体验。"这实在是了不起的进步，它把以人为本、关注学生全面发展的思想落到实处。

课堂教学活起来了。

只有课堂活起来了，学生才有可能主动、生动、活泼地发展。在传统教学中，"闷课"是较为普遍的现象。闷课的主要特征是：课堂气氛沉闷，教师照本宣科满堂灌，学生昏昏欲睡，课堂无欢声笑语，无思想交锋，思维呆滞。闷课的结果是摧毁学生的学习兴趣，扼杀学生的学习热情，抑制学生思维的发展。新课程的课堂较之传统课堂的一个重要区别就是"活"起来了，课堂充满了活力，呈现出生气勃勃的精神状态，师生互动，兴趣盎然。

怎么从专业的角度定位教的有效性？我想最核心、最本质的定位就是发展。有效教学意味着通过教学使学生获得发展。这是新课程对教的有效性的定位。

如何克服无效和低效的教学

前面我们已经谈到，因为各方面的原因，课堂教学改革也出现了形式化和低效化的问题：一方面——我们要来梳理一下——这种形式化和低效化在新课程改革当中主要表现在哪些方面；另一方面，我们要来探讨一下一些解决措施或者办法。

我们先来谈第一个方面，无效和低效教学的一些主要表现。我梳理出这五个方面：

第一，三维目标的割裂；第二，教学内容的泛化；第三，教学活动的外化；第四，教学层次的低下；第五，预设与生成的冲突、对立。

第一，三维目标的割裂。

我们前面一再强调新课程的发展观，追求的是知识技能、过程方法、情感态度价值观的和谐整合及统一。现在教学当中出现了三维目标的割裂，比如游离于知识、技能之外的过程方法。新课程强调"三维目标"，但是知识技能是基本的载体，如果离开了学科和知识，为过程而过程，为方法而方法，那么这个过程、这个方法就没价值了。这是第一点。第二点，就是"贴标签"的情感、态度、价值观教育。不是从教材内在去提炼、升华出情感、态度、价值观，或者说不是从师生互动教学当中去捕捉情感、态度、价值观，而是游离于教材之外、游离于教学过程之外，这肯定是没有多少教育意义的。我们知道情感、态度、价值观是非常重要的，但它是弥漫式、渗透式的，它不是孤立地在教学的某个阶段、某个环节进行。第三点，实际上也是传统教学的表现，即依然只关注知识的授受、技能的训练。当然，这是有很多理由，很多原因的。如一方面是对三维整合的理念领会得还不是很到位；另一方面，就是我们对三者整合这种教学还缺乏有效的经验，缺乏实施的能力，实施起来顾此失彼，不像以前的教学，目标是很单一的，知识技能是非常清晰、明确的，所以每一节课教完以后，老师都心中有数——我这个讲完以后，哪些知识点掌握了、哪些技能点训练到位了，老师心中很清楚。现在要求三维目标的整合，有时就会顾此失彼，从而出现无效和低效。

第二，教学内容的泛化。

新课程有个很突出的亮点，就是强调课程资源，强调老师要有课程意识。我前面也提到过，新课程在老师身上一个重要的变化，是不再只是教教材，而是用教材教。教师在教学当中非常注重向课外、向生活拓展、延伸，甚至跟其他学科进行相互的渗透和关联，这是很大的一个进步。但是，这又可能出现教学内容的泛化、不集中、重点不突出等问题。突出表现在：第一，学科味不浓。语文课说不定变成了历史课，变成了思想品德课等等。学科味不浓，教材受冷落，即一味地向课外拓展延伸。学生对教材都没搞清楚、搞透彻，你却盲目地找其他材料，盲目地补充、拓展，把教材抛在一边。各门学科都有其特有的价值，教学应通过挖掘学科自身的特点、价值来促进学生的发展。我们前面讲的促进学生发展，这个发展是要通过各个学科体现学科自身的特色进行的，包括前面提到的三维目标的整合也要体现学科特色。你不仅要结合你的学科特点，还要结合学生年龄阶段的特征来处理三维目标，处理教材，否则教学内容就可能泛化。过多地联系生活实际、牵强附会地理论联系实际，还有过多的情境创设等等，花架子搞得很多，实质性的内容却很少，造成低效甚至无效。

这里有一个非常典型的案例。

有个数学老师上数学课,在黑板上画了一个圈圈,问:"小朋友们,知道老师在黑板上画的是什么吗?"

学生回答:"是零。"

老师不满意,暗示其坐下,然后启发道:"再动动脑筋,想一想,这像什么?"学生说:"像轮胎。"

老师说:"很好,很会动脑筋。"接下来,学生有说"像太阳"的,有说"像十五的月亮"的,有说"像西瓜"的,等等。教室里面的学生都纷纷举手发言,各种想象应有尽有。老师表扬他们有丰富的想象力,课堂气氛就更活跃了,即将下课,老师进行课堂小结——

老师问:"小朋友们,这节我们学了什么?"

学生说:"我们学习了'0'。我们知道'0'像鸡蛋,像地球,还像……"学生还想说,老师马上暗示他坐下,让其他同学来补充。其他同学又说这个"0""像太阳"、"像轮胎"……连续叫了4个学生,学生都是回答像什么像什么。

教师只能作罢,草草说了有关"0"的作用与意义就宣布下课。

这堂课是贴近学生生活的数学课,但是明显偏离了数学教学的目标,数学知识几乎成了生活例子的附庸。这毕竟是数学课,数学这门学科有它特有的价值,不能本末倒置。

第三,教学活动的外化。

新课程实施以来,课堂变活了,这在一定程度上激发了学生的学习兴趣、学习热情和主动精神,但这背后却透露出浮躁、盲从和形式化倾向。表面上看很热闹,实质上学生内在的思维和情感并没有被真正激活起来,表现在以下几个方面:第一,自主变成自流,没有目的性的自主。比如学生自主阅读,变成"爱读哪一段就读哪一段",目的不明确。缺乏教师引导的自主,是一种肤浅的自主,甚至是一种虚假的自主。我们都知道,教学由两部分构成：一是学生自主建构，一是教师的价值引导，这两个方面是相辅相成的。还有就是没有发挥学生独立性的自主，这个自主不是独立思考，不是自己动脑筋的自主，而是外在的形式，比如看起来学生在自己读书、自己阅读，实际上没有深度思考，这都是外在的。第二，合作有形式却无实质。合作学习的灵魂是学生分享彼此的思考，你这个问题怎么思考的，我是怎么思考的；你对这个问题有什么看法，我有什么想法，大家互相交流，这叫分享彼此的经验、彼此的思考和彼此的智慧，这才是合作学习的灵魂。例如，合作中互助，你这个不懂我讲给你听听，我有困难你帮助我；合作中相互欣赏，你这个想法真棒等等。如果有这样基于分享、互助、欣赏的合作，那么这个合作肯定是有内在吸引力的合作，否则合作可能就是走过场，四个人坐在一起唧唧喳喳说两句然后就结束了。第三，探究有形无实。形式上好像是提出问题、阅读，几个人交往、交流、讨论，然后总结出什么结论出来。表面上有这个探究的程序、形式，但是却没有真正的问题意识，学生对这个问题没有质疑，缺乏深度思考，这就是探究有形无实。

这些我们称为教学活动的外化。所以有人批评我们的课堂有温度、无深度，也是这个道理。课堂上学生小脸通红，小眼发光，小手直举，小嘴常开，让人感到热闹、喧哗，但极少让人怦然心动，究其原因，就是课堂缺少思维的力度和触及心灵深处的精神愉悦，说到底就是没深度，流于形式化、外在化。

第四，教学层次低下。

这个问题我们要实事求是地分析，这并不是我们新课程所特有的，但是我们新课程也存在这个问题。前苏联心理学家维果茨基把学生的发展分为两个水平：现有的发展水平和最近的发展水平。我个人认为，针对最近发展区的教学是高层次的教学，针对现有发展区的教学是低层次的教学。如果教师教的是学生自己会的东西，学生通过独立阅读、独立思考，就能够掌握的，而老师却花了大量时间去教的话，这种教学就是低层次的教学。我们知道，高中实施新课程以后，课程容量、教学内容容量变大了，如果还是按照传统的老套路，还是以讲解为中心的话，教学时间怎么加也不够用。

学生能够通过自己独立阅读获得知识、能够通过自己思考解答问题，都应该由学生自主来解决。教师只有做教师该做的事情，才能提高教学的效益。

第五，预设跟生成的冲突。

传统的预设太死板，课堂非常沉闷，这不是我们要提倡的有效教学；新课程的教学强调生成，生成太泛，无边无际，没有中心，没有关键，这也不是我们要提倡的有效教学。要将这两个方面统一起来，和谐发展，而不是对立。

这五个方面，是我概括的新课程在课堂教学这个层面存在的无效、低效的现象和问题。

接下来，针对这些问题我们做一下思考，如何采取有效的对策来克服这些低效和无效的现象。我提出几个对策，供老师们参考，我相信老师们在实践当中都会有很多招数来提升教学的有效性。

第一，针对三维目标的割裂和模糊，我们强调，课堂教学的目标要清晰，每一节课都要有明确的教学目标。每上一节课，首先得弄明白，这里边的知识技能、过程方法、情感态度价值观是什么，也许知识技能是容易看得出来的，但是，知识技能所包含的思维、价值是什么、暗含了什么样的价值观等等，你得琢磨清楚。学生掌握这样的知识技能，要经历什么样的过程或者应用什么样的方法，在这个过程当中，可能还会生成什么样的情感、态度、价值观等等，老师要多想一想，多琢磨琢磨。我想，通过这样的一个思考，老师脑子里边对一节课的目标就有了比较清晰的定位，从而保证课堂教学的方向，这是提高有效性的前提。

第二，注重学科特色。虽然要有课程资源意识，但是教学内容不能泛化，不能漫无边际，每节课都应该有中心、有重点，要解决学生不能解决的、关键的问题，让学生觉得这节课学完以后，有明显的进步和提高。

第三，发挥学生的主体性、主动性。它的核心是什么？就是要引导学生进行有深度的思维和交流讨论，要强调深度，不是外在的形式。虽然形式非常活泼，但是缺乏内在的东西也不行，这归根结底是缺乏深度的思维和深度的交流讨论。

第四，提高教学的层次。提高教学的针对性，针对学生不懂的来教学，即针对最近发展区，这种教学就是高水平的。按照维果茨基的观点，就是"教师走在学生的前面，教学走在学习的前面"，它能够引领学生发展、带动学生发展、促进学生发展，这种教学就是有效的教学。

第五，预设跟生成要统一。纯粹的预设，或者绝对的生成都不能保证良好的效果，都不是新课程所提倡的，要把这两者结合起来、统一起来。

以上是针对存在的五个问题，提出来的五条教学措施。

优质教学一定是有效教学，有效教学未必是优质教学。我们提倡优质教学，目的就是让我们意识到，这个追求的过程确实是无止境的。

怎样从有效教学走向优质教学

我谈这个问题最主要的目的，就是要树立这样的观点：对有效教学的追求是无止境的！相对来说，有效教学应该是对教学的基本要求。你上一节课，总应该让学生有点收获，这是一个最基本的要求，是必须做到的要求。但是优质教学，则是更高的要求。优质教学一定是有效教学，而有效教学则未必是优质教学。提倡优质教学，目的就是让我们意识到，这个追求的过程确实是无止境的。对此，我们把教学及其改革分为以下三个层次：

首先要让课堂活起来。这是新课程的理念，从"闷课"走向"活课"，让学生动起来，让教材也变得活起来，让整个教学活动、教学程序开放起来。这是第一点要求。

第二，要从无效、低效走向有效。每节课都让学生有实实在在的收获。

有效之后，还要有更高的境界、更高的追求，这就是优质教学。我对优质教学的定位就是优质、高效、高境界。这是教学的第三层次。

下面，我从两个维度——当然这两个维度本身也是相互联系的——一个学的维度，一个教的维度，来考察优质学习和优质教学。我们进课堂，怎么判断学生是否在进行优质学习？我想从五个维度来考察和分析：

第一个维度，情绪状态。

具体说，就是判断学生的学习兴趣是不是很浓厚，学习热情是不是很高涨，学习的情绪是不是很饱满，学生是否具备很好的精神状态，是否非常认真地投入学习。整个学习过程是非常愉悦的、非常开心的，甚至是非常甜蜜和幸福的，这就是好的情绪状态。如果我们一进教室看到学生萎靡不振、愁眉苦脸，那么，这种学习肯定不是优质学习了，甚至连有效学习都谈不上。

第二个维度，学生在课堂的参与状态。

参与状态包括以下几个方面：一是全程参与，学生自始至终都参与教学过程；二是每个学生都参与；三是学生全身心地参与，不仅认知参与，还有情感参与、心理参与、身体参与，总之是全身心地参与，整个融入到学习过程当中；最后一点要求更高——不仅参与学，而且参与教。整个教学是互动的，学生发表自己的见解、谈自己的看法，这对老师也是一种启发。这就是参与状态，特别是在小组合作学习当中要互教互学，学生不仅在学，而且在教，这是最高层面的参与。

第三个维度，交往状态。

新课程强调互动、合作和交往。我们可以从以下这几个方面加以考察和衡量：一是倾听。大家都知道，我们的学生可能最缺乏倾听的品质和习惯。合作学习的前提就是要学会倾听。当然，怎么倾听，我们要做一些研究。有些老师从一年级开始就点点滴滴地进行培养。如果不培养，合作学习就很难行得通，很难有成效。所有的技能，都是要从小、从一点一滴开始培养的。二是发表。你听完以后有自己的想法、意见要发表出来，你不能不说，如果大家都不说，就不是交往了。三是互助。同学之间包括师生之间互相帮助、互相欣赏。

第四个维度，思维状态。

一节课是否是好课，关键还要看学生的思维状态怎样。学生思维是否有深度，如问题提得是否击中要害；是否有广度，有很多不同的见解；当然最重要的是，是否有创造性思考和个性化的见解等等。

第五个维度，生成状态。

这是学生学习状态的集中体现，学生在课堂上的学习是否有实实在在的收获、提升，不仅认知的、思维的，而且情感的、品德的以及个性的、生命的，都应有所进步、有所生长、有所提升。

这是从学生学习的维度做的一个考察。

最后，我简要地从教师的维度做一个考察。我认为优质教学，从教师这个方面来讲，表现在以下五个方面：

第一，有思想。有思想的教学，就是老师怎么教是他自己独立思考、独立判断的结果，是他自己的追求。我要把学生培养成什么样的人，我根据自己对教育的理解来教学。优质教学的关键就是老师有思想，对教学工作有自己的见解和判断。

第二，有智慧。智慧不是技巧，更不是雕虫小技，有智慧的老师在课堂上拥有可供发挥能动性的自由度，从而真正做到亲切自然、游刃有余、指点有方、循序渐进、触类旁通，使课堂散发出磁性和魅力，达到以灵性启迪学生悟性的最高境界。

第三，有激情。当然，这个激情是真情，做一个有激情、有真情的老师。如果老师上课没有真情、激情，那么课就是死水一潭了。

第四，有个性。老师要经过努力，经过自己的实践、反思、提炼，慢慢形成自己的教学个性，形成自己的教学风格。

第五，有文化。有文化品位的教学，就是高层次、高境界的教学了。

我把这五个方面看成是优质教学的五个表现，或者是五个表征，这也为我们不断地提升教学的有效性提出更高的要求、更远的目标，值得我们不断去追求。

附录：

下面是老师们听完报告与余教授的互动。

[老师1]

余教授，您好！

我先提个问题吧。刚才听了您的讲座，感觉收获非常大。我是大兴（北京市）的教研员，我们的工作呢，主要围绕如何构建大兴区的有效的课堂、优质的课堂展开。这是我们工作的核心。我们也是从2001年开始进行课程改革的。在课改过程中，我们发现一个矛盾，就是应试与课堂教学之间的矛盾。我听过一位小学校长的一段话，他说："虽然我们的课程改革不见得能够提高考试成绩，但是我们能够提高学生的素质，而提高学生的素质应该是衡量课程改革成败的最根本的标准。"那我想提一个什么问题，就是我们课程改革能够提高学生素质，但是如果不能保证提高成绩，特别是我们中学，不能提高中、高考的成绩，这样的课程改革，您说有生命力吗？请您解答，谢谢！

[老师2]

余教授，您好！

我提这么两点。一个是我觉得您讲解的观点非常新颖，而且讲解得非常清楚。这是第一个想法。

第二个，教学的有效性不高，我想一方面是我们教师自身的因素，如素质不高等；另一方面是不是与现行的考试制度有关，还与学科设置有关。比如像数学、物理、化学，这种逻辑思维非常强的科目，据我所调查的结果看，学生期待上课的不多。这是我提的第二点。

[老师3]

余教授，您好！

我想提供一个我自己的案例。我在一次上课讲碳酸钠这种盐的时候,把知识、技能和过程、方法处理得特别好,可是,到快下课的时候,我才发现思想教育这一方面给落了。所以当时我就问学生,我说:"我对你们进行思想教育了吗?"学生说:"没有。"我说:"那咱们就进行一下思想教育,翻开书看一下侯德榜在改变纯碱制法方面为国家作出的贡献。"然后这节课就下课了。后来,在评课的过程中,校长给我指出这种思想教育是"贴标签",是三维目标的割裂。

好,谢谢!

我先回应一下您刚才这个案例,应该说按照我们三维目标整合的理论,您对学生所谓的思想教育,或者品德教育应该是渗透在您化学教学的过程当中的,而不是说等到课上完了再来单独教育,这就把三维目标割裂开了。当然,这一点也不能绝对化,有一些内容,可能思想品德意味比较浓,就如您刚才讲的,碰到一些化学家的事迹,或者化学家的品质,可能对学生就是一个显性层面的品德教育,而大量的思想品德教育是您结合您的学科,对学生进行隐性的渗透,学生也不一定意识得到的。但是他10年、20年后可能就意识到,因为对他的做人、做事产生了积极的影响。而不是说先来一个知识技能教育,再来个过程方法,最后来个情感、态度、价值观教育什么的。不同学科,它的渗透、结合方式也可能是不一样的。所以我们要求老师要有这种理念和意识,但是也不能说每一节课,教学目标都要分知识、技能、情感、态度、价值观来教。我曾经开玩笑说,知识技能是数得清的,过程方法就难数了,情感态度更是隐性的,就好比说你一个月工资交回去多少是可以数得清的,但是老公对老婆或者老婆对老公的爱是数不清、看不见的,如果能够数得清,反而显得庸俗、稀薄。情感价值观的渗透也是这样,关键是老师要有通过你的学科培养人的意识。

我再回应第一个老师提的问题,考试分数和综合素质的关系。我讲的意思是综合素质高的人未必考试分数就高。有很多人说:"你们搞课改,学生综合素质高了,怎么考试成绩会下来?"我想这个事情不可以绝对化。我们都是成年人,您看看学校里面最优秀的老师是不是一定在学生时代考试是最好的？也未必是这样的。您现在带学生您也很清楚，这个学生综合素质是很好的，但是他考试未必是第一名。这之间是有落差的。当然，最理想的是综合素质又好，考试成绩又高。

我们可能有一个取舍，要有一个价值判断在里头，如果说综合素质高，考试成绩就高，这样的话课改难度就不大了。在实践当中，这两者往往会有矛盾和冲突，有不少这样的案例。很多一线老师在给《中国教育报》写信时也谈到这个问题，说我按照新课程理论来教，我的学生非常活跃，我的学生综合素质很高，可是一统考我的学生是倒数几名。不一定综合素质高考试分数一定高。我们知道，综合素质对学生的终身发展，甚至对整个民族的发展都是意义重大的，但是在当前的教育体制和评价机制下，我们又不能不追求考试成绩。但是我们所能做的就是清晰地意识到学生的综合素质对他们的重要性，在尽量不影响学生分数的前提下，多从提高学生综合素质着手，做好这个事情。

还有一个老师谈到学生学习的三个层次，或者说三个境界。第一就是外在压力推动，或者是受逼学习。应该说这是比较普遍的，是我们整个基础教育当中一个普遍的现象。所以，新课程提出改变学习状态，让学生从受逼的状态中解脱出来，主动地学习。新课程为此做了很多努力，比如，新课程的教材发生了很多变化，这个变化就是教材里面强调结合儿童的经验、联系儿童的生活，给儿童提供一个自由表达的个性化的空间，尽量能够让儿童、让学生体验到学习跟个人的生活有关系，学习也是一件有意义甚至是一件愉快的事情。我们一直朝这个方向努力。当然，也不能给学生一个错误的信号或暗示——学习都是快乐或轻松的，其实学习是需要刻苦，需要努力付出的。

第二个层次就是说要养成良好的学习习惯。习惯一旦养成，一切就成为自然了。这对教师的素质提出了非常高的要求，有的老师讲课，能够化腐朽为神奇，能够化抽象为形象，讲得有激情，左右逢源，学生听课非常入迷、非常期待，但是这样的老师肯定是少数的。但是这对一般的老师来说是有引导意义和启发作用的,让他们知道差距,然后去追求。有一句话说:"虽不能至,心向往之。"我想我们教育学生也是这样的,有些东西不是马上能做到的,但是我们要看准这个方向,朝这个目标持续地做下去。

刚才还有老师提到,学生有个性化的学习,这是第三层次。有的学生从小可能就表现出个性化的倾向,比如他喜欢什么学科,不喜欢什么学科,这就涉及到学生多元智慧的问题。以人为本,对学生尊重,关注学生的个性化,是新课程追求的。好,这个专题就讲到这里,谢谢大家!

第二讲 教学的生成性

各位老师，今天我们来学习、讨论教学的生成性问题。

生成性是新课程教学的一个亮点。它体现了课堂教学的丰富性、开放性、多变性和复杂性，激发了师生的创造性和智慧潜能，使课堂教学焕发出了生命活力。生成性也是新课程课堂教学的难点，因为课堂开放了、生成了，就会出现"无序"的状态，从而对教师提出了严峻的挑战。生成与预设是一对矛盾统一体，新课程的课堂教学呼唤高水平预设与精彩生成的结合。

新课程为什么要提倡生成性？为什么要凸显生成性？实际上这是由人的本性、新的课程观、新的教学观所决定的。所以，这个生成性就不像我们传统教学当中的那样——仅仅表现为教师的一种机智，表现为善于捕捉和处理课堂里边的一些偶发事件——不是的。生成性是我们新课程课堂的基本特性、基本的价值追求，它要从原来的"特例"，走向现在的常态。

新课程为什么凸显教学的生成性

我们先来讨论第一个问题：新课程为什么凸显教学的生成性？也可以理解为生成性为什么会成为新课程课堂教学的一个亮点？

我也是先从一个故事开始讲起，这是一个关于渔夫的故事。

古时候，有一个渔夫，是出海打鱼的好手。可他却有一个坏习惯：爱立誓言，即使誓言不符合实际，八头牛也拉不回头，将错就错。

这年春天，听说市面上墨鱼的价格最高，于是他立下誓言：这次出海只捕墨鱼。但是这一次不幸碰到的都是螃蟹，他只能空手而归。回到岸上后，他才得知现在市面上螃蟹的价格最高，渔夫后悔不已，发誓下一次出海一定要捕捞螃蟹。可是第二次出海，他把注意力全放在螃蟹上，这次捕到的又全是墨鱼，不用说他又只能空手而归了。晚上渔夫抱着饥饿难忍的肚皮，躺在床上十分后悔，于是他又发誓：下一次出海，无论遇到螃蟹还是墨鱼，都要捕捞。

第三次出海后，渔夫严格按照誓言去捕捞，可这一次墨鱼和螃蟹他都没遇到，碰到的只是一些马胶鱼，于是渔夫再一次空手而归。

渔夫没赶得上第四次出海，就在自己的誓言中饥寒交迫地死去了。

当然，这只是"故事"，世上没有如此愚蠢的渔夫，但是却有这样愚蠢的誓言。我们要借助这个故事来反思一下我们的课堂教学：预设过了头，就影响课堂的生成。人生也是一样的，有的人非要这样，非要那样，结果什么也没有得到，就像这个故事中的渔夫。

现在，我们回到教学实际上来，我们先来看一个成功的案例，看看这个老师在他的教学改革探索当中，是怎么解决生成和预设的关系的。这是江苏省南通市小海中学的一位非常年轻的语文教师，名字叫陈松泉。他说："我通过思索自己的语文教学，发现以前自以为成功的语文教学是那样的误人子弟：为学生设置好教学目标、教学重点，规划好教学过程，想好切入点，设计好问题，一步步地把学生往里边引，最终'圆满'地完成教学任务。"这样的教学恐怕现在依然还有不少人认为，那已经是非常好了，是不是呢？

可是这位老师经过反思后认为：在这个过程当中，学生毫无主动权可言！反思之后，他开始大胆地将课堂的主动权还给学生。"经过一段时间的实践磨合"这句话非常重要，他是"经过一段时间的实践磨合"，不是说我一开始做就怎么样——这是不可能的，所有的改革都需要时间，需要过程的——"我和学生都喜欢上了这样的教学方式"。

来看看他怎么改，他把哪些主动权还给学生。

第一，他把讲解的主动权还给学生。我们在第一个专题里面谈到过，学生有两种发展水平："现有发展区"水平和"最近发展区"水平。现有发展水平的知识和能力，学生是可以独立学习和解决的。学生通过阅读能够自己领会和把握的内容，陈松泉老师认为可以把这些内容的讲解交给学生。这既是对学生讲解的一种鼓励，也是对还不能讲解的学生的一种促进。把讲解的主动权还给学生,这多多少少有点像我们在谈有效性专题里面谈到过的:学生不仅参与学,也参与教。

第二,把思考的主动权还给学生。以往老师把学生的思考限定在自己的预设范围内,老师的设问指向性非常明确,学生虽然有思考,但是思考必须是朝着老师预设的答案,沿着老师规定好的路线来运动、来进行的,所以陈松泉老师认为这种思考,从根本上说也不是主动的思考。要保证让学生主动地思考,他认为必须把提出问题、把问题的形成过程交给学生。这个问题真正是由学生来引发的,然后注重对问题的一种真正的独立思考和个性化的解答。

这才有主动权。

第三,把预设的主动权还给学生。这个我们以前就更少做了,包括我们今天讨论预设和生成,我们还是在教师教的层面讨论问题,陈松泉老师已经做到了把预设的主动权还给学生。什么意思呢?就是教师不能完全替代学生课前的预设,这节课学什么、教什么、重点是什么,还不是老师自己说了算,要让学生自学。经过自学以后再讨论,觉得这节课我还有哪些问题没有解决,哪些是需要老师来引导、来帮助的,这节课应该解决什么中心问题,重点是什么,这些都可以由学生提出来。我想这是十分了不起的,这叫"学生式的老师"、"老师式的学生"。

新课程强调"学习共同体"的构建。

把课堂预设的主动权交给学生,意味着教师在课前要付出双倍的时间和精力。这种教学可能就不好"教"了,为了推测课堂上的种种可能,以便在课堂上顺利指导学生完成探索过程,老师必须非常仔细地研读课文,查阅更多的相关资料。这样的学习方式会给课堂带来极大的乐趣和活力:每一节课课前都不知道将会迎接什么样的挑战,每一堂课都将能生成创新,每一堂课都充满了魅力!

当然,还可以将课堂评价的主动权还给学生,学生拥有更多的主动权,才能真正成为课堂的主人。学生会为拥有主动权而自信和骄傲,老师同样会有巨大的收获：眼前的学生都是那么优秀，那些平时沉默寡言、成绩平平的学生思维竟然也是如此敏捷、深刻，原来他们尚有巨大的潜力可挖。这项改革的核心就是体现生成，体现互动，体现对学生的尊重。

刚才讲的一句话非常重要，即要"经过一段时间的实践和磨合"，这种教学方式、教学模式、教学结构才会有根本性的变化。不可能说我今天一开放，明天就会生成很多好问题出来，这是不可能的。

我想，课堂教学重建也要朝着这个方向来进行。

还有一个案例，是发生在我们新课程刚刚推进的时候——我前面也提到过，因为生成就会对老师提出很多挑战——这里讲的是一个老师到外地执教公开课《朝发白帝城》，在课上他想按照新课标的理念来上：让学生在课堂上向老师提问题，结果学生一下子提出了这么多问题：

生1：白帝城在哪里？

生2：诗人为什么从白帝城出发，他要去哪里？

生3：千里江陵怎么一日就能"还"？

生4："轻舟"到底是什么"舟"？

生5：既然那么快，怎么还能数山有几重呢？

……

以上是五分钟时间里，学生提出来的部分问题。这些问题和今天的课多多少少还是有关系的，有的问题可能就扯得更远、荡得更开，那位老师根本没有想到学生竟有如此高的素质，更没有想到学生会提出这样的问题，这些问题他根本无法应付，关键是教学的进展与他的设想风马牛不相及。这个老师就哭了。

这个案例在网上也有很多讨论，很有意思的，就是说课堂一开放，老师就要遭遇挑战，因为传统的课堂以老师为中心，不可能有这种遭遇，不可能有这种挑战。

介绍了以上案例，我们要回到主题：新课程为什么提倡生成性？

首先，从人的角度来讲。

人是生成性的存在，生命是不可预测的，"生命不能被保证"。人的发展具有太多的偶然性。

从积极的角度来说，人的发展的空间是很大的，是不确定、不可限量的。但我们传统的教育，秉持这样的心态——设计心态，也称之为"人格工程师"的教育心态。我就是要把学生的人生目标设定好，把他发展的路子设定好，甚至他这条路子的整个阶段，每个阶段要做什么，最后每个孩子跟谁交朋友、学什么都要给他设计得好好的。这种过度的设计就变成对人的一种控制、一种支配，最后可能是对人的发展的一种摧残。

我们现在强调，人是一种开放的、生成性的存在，人的发展有无限的空间和丰富的可能性。

这是从人的角度来说，我们必须尊重这种开放性和生成性。学生不是作家笔下的小说，我爱怎么写就怎么写；也不是画家笔下的图画，我爱怎么画就怎么画；不是电视机面前无奈的观众，你演什么我就看什么。他本身就是写小说的主人、他本身就是主角，所有的学生都是带着自己的兴趣、爱好，带着自己的经验，带着各种各样的情绪来到课堂的。这些经验、这些背景，必定使课堂变得丰富多彩。除非每一个孩子都是一个学习知识的容器，才没有什么丰富性、偶发性。只要是真正把孩子看成人，你就不能不承认课堂是开放的，课堂具有生成性。

第二，从课程的角度来讲。

课程不只是文本课程，这个大家都非常熟悉了。以前，我们一讲到"课程"，就会想到教学计划、教学大纲——现在称为课程标准、教科书等等。课程不只是这些东西，课程更是体验课程，被教师和学生实实在在地体验到、感悟到、领悟到、思考到的课程。这个叫"生成的课程"，前一个叫"预设的课程"。文本的课程也可以理解为预设的，是规定好了的，如小学数学应该学什么内容，标准和教材都写得清清楚楚、明明白白，这是"预设的课程"。但是每个学生在学习的过程中会有不同的解读，得到的东西是不一样的，这就是一种开放的、生成的课程，或者叫过程中的课程。

什么叫被体验到、被感受到、被领悟到、被思考到的课程呢？我举两个案例。

第一个案例是有关小学语文的。

一个实习老师上《滥竽充数》，老师讲解完课文以后，让班上的同学来评说"南郭先生"，绝大多数孩子都顺着老师的意思把"南郭先生"批了一通。最后一个小男孩怯生生地站了起来，看了看老师，说了一句话："老师，在我看来，南郭先生也不是一无是处的，要是大家都肯帮他一把，他就不会滥竽充数了。"

课后，班主任告诉我们，这小孩就是班上的"南郭先生"。为什么？因为他学习成绩差，在我们传统的这种考试评价体系当中，他每次考试都是倒数，班上平均数都会被他拉下几分。他被看成是一个没有集体荣誉感的人，所以没有人亲近他，没有人跟他玩，更没有人主动去帮助他。他是带着这种心情来解读南郭先生，来解读滥竽充数的，他就悟出这样的道理：要是大家都肯帮他一把，他就不会滥竽充数了。

我把这种解读看成是一个观念的诞生。这个成语故事讲的是怎么一回事儿，大家都很清楚，知识、道理很简单明了，但是绝大多数同学是就知识得到知识，而这个小孩子在得到这个知识的过程中，产生了一种观念。这个观念对人更有价值。我把它称为"个性化的知识"。"要是大家都肯帮他一把，他就不会滥竽充数"，这会成为他的人生信条。这是非常有价值、有意义的东西。

这就是被感悟到、被体验到的课程。

还有一个例子是有关数学教学的。

我们现在小学里面有概率统计的内容，这个老师上的是《可能性大小》的课题。这个老师也是讲解完课本主要内容后，就仿照课本的一个例题，做了一个模拟的实验验证：一个盒子装了十个球，八个是白色的，两个是黑色的，因为白球比黑球多得多，所以摸到白球的可能性大，摸到黑球的可能性小。老师让全班同学来摸一摸，结果不出所料，绝大多数人摸到的是白球，两个同学摸到的是黑球。老师就问摸到黑球的两个同学："你们摸到黑球有什么感想？"

第一个小孩子被老师问得一愣一愣的，也不知道这个话是什么意思，只好歪歪脑子，双手一摊，没说什么。

第二个同学站起来，他说："老师，黑球比白球少得多，摸到黑球的可能性很小，但不是不可能的。"

我当时在下面听课的时候，我真的是感到很震惊！下课以后，我在和老师谈论这节课的时候，说："你知道这孩子的潜台词是什么吗？他是在想，也是在讲，'我们班上五十几个孩子，将来可能成为了不起大人物的人，就那么两三个，但是我不是不可能的！'"但是我们老师，我想至少是缺乏这种体验课程的意识。老师听了小孩子这样发言以后，轻描淡写地说了一句话："那是你运气好！"

"摸到黑球的可能性很小，但不是不可能的"，这是一个观念，而不是知识。你说谁不清楚白球八个，黑球两个，摸到白球的可能性大？这个知识谁都可以掌握，但是在掌握这个知识的过程中，这个小孩子还体验到别人体验不到、感悟不到的"虽然可能性很小，但不是不可能的"个性化的知识。我们去琢磨琢磨，我们去分析，那些有作为的人，那些了不起的人，他说不定书本知识学得比我们少得多，但是他这种个性化的知识、体验性的知识——我们叫作"观念"——比我们多得多！我们很多人有知识，但是没有观念，就是掌握知识的过程中没有诞生出有意义的观念来。

这个观念可能会成为你整个人生的指引。这个知识是没有力量的，但是观念是有力量的，它会对你产生非常深刻的影响，所以也可以理解为文本知识、文本课程只是一种知识性的课程，而体验课程更多的是一种观念性的课程——你获得一种观念。

这是从课程的角度来看教学，教学必须是开放的，必须是生成的。

第三，从教学的角度讲。

传统教学对教学的定位基本上是老师教学生学，老师传授学生接受的过程，知识只能被等价地转换。首先老师把教材理解清楚，理解得很准确、很到位、很全面，然后课堂上老师能够准确无误地把自己理解的知识传授给学生，学生掌握了，这在传统教学看来就是非常好的教学了，就是知识被等价地转换。

新课程强调，教学是教师跟学生交往、互动的过程。在这个过程当中，知识要实现增值，就是原来知识在文本形态里面、在课程标准、在教科书里边，它可能只有一个维度、一个解读、一种含义，但是通过师生的交往、互动、对话，这个知识变得有多种可能、多种解读、多种含义，也就是知识增值了、丰富了。

这是一个维度。

第二个就是知识在这个过程当中转化为学生的一种见识、一种思考、一种可以供大家分享的经验，转化为他的智慧、他的品质。这个知识也是增值了。这是我们新课程所倡导的教学观——通过教学使知识增值、促进学生发展的知识论的依据——内在的依据。知识不是一成不变的，不仅知识本身可以多维度地来解读，知识的形态、性质在教学当中也会不断变化。

这是从教学的角度来说，知识要实现增值，教学必定是开放的、生成的。这样，我们就从理论上把生成性说清楚了。

新课程为什么要提倡生成性？为什么要凸显生成性？

实际上是由人的本性、新的课程观、新的教学观所决定的，所以，这个生成性就不像我们传统教学当中的那样——仅仅表现为教师的一种教育机智，表现为善于捕捉和处理课堂里边的一些偶发事件——不是的。生成性是新课程课堂的基本特性、基本的价值追求，它要从原来的"特例"，走向现在的常态。当然，在这个过程中，教师必然要遭遇挑战，课堂教学模式、课堂教学结构也要重建。生成性教学对教师提出了新要求，我把这些要求简单归纳为两点：第一，教师要尊重学生的学习权和创造性；第二，要转变角色和教学行为。

教师要尊重学生的学习权和创造性。第一，学生在课堂上的学习权利主要表现在这几个方面：（1）作为平等的一员参与课堂教学，并有受到平等对待的自由和权利。（2）独立思考、个性化理解、自由表达的自由和权利。（3）质问、怀疑、批判教师观点或教材观点及其他权威的自由和权利。（4）因为自己见解的独特性或不完善性乃至片面性，免予精神或肉体处罚以及不公平评价或对待的自由和权利。这里要特别强调的是怎样对待学生的错误。教师要正确面对学生的错误，因为错误也是一种学习资源。教师应该明白，学生还不成熟，容易出错，课堂上，教师应该理解学生的错误，理解学生的狂妄，理解学生的可笑，理解学生的单纯。正因为出错，才会有点拨、引导、解惑，才会有教育的敏感、机智和智慧，才会有对学生乐观的期待，以及真正的爱护和保护。只有出了错，课堂才能生成。在"出错"和"改错"的探究过程中，课堂才是最活的，教学才是最美的，学生的生命才是最有价值的。教学过程既是暴露学生各种疑问、困难、错误、障碍和矛盾的过程，又是让学生发展聪明才智、形成独特个性与展示创新成果的过程。为此，教师不仅要学会宽容学生，更应学会欣赏学生，挖掘和捕捉学生的智慧，向学生学习。

教师一定要清楚地意识到，学生所具有的这些权利不是教育的恩赐，而是他们应该得到的属于自己的东西。课堂教学必须把学生的学习权利放在首位，不能以任何理由侵犯和僭越他们的权利。

第二，教师要转变角色和教学行为。

在传统的课堂教学中，教师更多的是一个讲解者。现在强调教师不仅仅是讲解者，更重要的是学生学习活动的组织者，以及信息的重组者。教师要善于去捕捉、发现和重组课堂教学中从学生那里涌现出来的各种各样的信息，而且要对这些信息进行梳理，然后要把有价值的信息和问题转化为教学问题，纳入教学内容，成为教学的闪光点，并把它转化为学生智慧发展的"火种"。同时，对一些没有多大价值的问题、信息要及时排除，使得教学能够纳入到原有的、预设的轨道，这样才能保证教学的效率和方向。这对教师来说既是角色转变又是行为转变，这是传统教学中没有的。我这里提供一个生成性教学的案例。这个案例虽然长了一点，但是我认为确实非常经典，值得我们一起来欣赏一下。

这个案例的题目是《〈松鼠〉的结尾是不和谐的音符吗》（作者：单咏梅）。

学习法国作家布封的《松鼠》，在指导学生反复朗读课文的基础上，我让他们提出自己感到疑难的问题，或者自己感兴趣的问题。一位学生说："老师，我认为文章最后一个自然段的最后两句话，是这篇文章中一个不和谐的音符。"

老师笑着问："你为什么会得出这样的结论呢？"

这个学生回答："我没有亲眼见过松鼠，但是读了这篇文章，了解到松鼠原来是一种漂亮、驯良、乖巧的小动物，我感觉自己已经喜欢上它了。可是文章最后却说'松鼠也是一种有用的小动物。它们的肉可以吃，尾毛可以制成画笔，皮可以制成皮衣'。我读到此处时感到很别扭。"

我不知道我们的老师读到这里会不会别扭。如果我们真心喜欢一种小动物，比如说小狗，我们在夸奖它一番后，会告诉别人它的肉可以吃，皮可以做成皮袄吗？显然，一般情况下我们是不会这样说的。或许以前学生也有这样的想法，只不过做老师的我从来没有给他们这样的机会，让他们畅所欲言。作为老师，我欣赏学生独立思考的精神，佩服他们读书时那种鲜活的感受，也在努力为学生营造宽松、和谐、民主的学习氛围。

于是我进一步鼓励道："你敢于向课本挑战，很了不起！同学们，你们当中有没有人同意这位同学的观点——认为这是不和谐的音符？"

陆陆续续有几个人举手。我就请他们继续说说自己的理由。

一位学生回答:"本单元的单元专题中有这样几句话:'你一定喜欢动物吧?动物和人类一样,是地球这个大家庭的成员。了解这些动物的外形、特点、习性等,就会唤起我们对动物世界生存状态的关注,激发我们关爱动物、保护动物的热情。'我认为课文的结尾与本单元的专题是不吻合的。"

第二个同学说:"布封生于1707年,死于1788年,可能18世纪还没有环保的意识。今天我们读到这篇文章的时候,读到'松鼠可以吃'感觉别扭,可能是我们感情上已经把松鼠当成我们的朋友了。"

第三个学生说:"《松鼠》是本单元的第一课,《松树金龟子》是本单元的第二课。在单元预习课上,我曾经比较阅读过两篇文章的结尾,坦率地说,我更喜欢后一篇文章的结尾。"

这三个学生是附和刚才那位同学的观点。这个学生读得很动情,读完后教室里面爆发出一阵热烈的掌声。

突然一个学生把手高高举起,我问:"你有话要说?"

这个同学说:"我不同意以上几个同学的观点!今天开始上课的时候,老师告诉我们,这篇课文是一篇科学小品。我想'科学小品'属于说明文。说明文是给人以知识的,这样的结尾既照应开头说明松鼠很讨人喜欢,又点出了松鼠的用途,加深人们对可爱的小松鼠的了解,首尾呼应,结构严谨,介绍完整。"

第五个学生站起来说:"我想,有些同学认为这篇课文的结尾是'不和谐的音符',可能是因为他们太喜欢小松鼠了,担心人们一旦知道松鼠的肉可以吃,就会捕杀松鼠。如果仅仅是因为这个原因,而不愿让作者说实话,那不是搞'愚民政策'吗?其实,当我们了解到松鼠不仅漂亮、驯良、乖巧,而且还是一种有用的小动物时,你不是更喜欢它们了吗?"

教室里面安静下来了,学生热切地望着老师,他们期待着老师的答案。这也是很正常的,每当学生各持己见、相持不下的时候,老师当然是最好的裁判了。对学生而言,老师的表态便是一个权威的答案。面对同学们热切的眼光,我深情地说:"如果有一天,你们做了课本的编者,你们认为结尾是'不和谐的音符',在编教材时可以将最后几句话删掉;认为结尾是'和谐的',就继续保留这种结尾吧。"我想,这也是老师一个无奈的答案。

  我的这种做法是否合适呢?我不止一次地问自己。虽然至今没有明确的答案,但是有一点是可以肯定的,那就是无论是赞同的,还是反对的,他们关心松鼠的命运,喜欢松鼠的感情都溢于言表,而这不正是本课的情感目标吗?

  我们说情感、态度、价值观的渗透,用不着这篇课文学完了以后再来讨论,它本身就是渗透。

  这一节课上完后,开头那位学生提出的问题,引起了我深深的思考。显然,在实际生活中,我们是不会在介绍小动物之后说它肉可以吃,皮可以制成皮袄的。可是我在备课时,怎么就没有这种"别扭"的感觉呢?怎么压根儿也没有想到学生会有这种感觉呢?是因为这篇文章我已经烂熟于心,我闭着眼睛就能说出这一段写的什么、一切都熟视无睹的缘故吗?

  看来教师不仅要尊重学生读书的独特感觉,自己也应该走出习惯思维的束缚,要有自己的读书感受,进而尊重自己的读书感受。

  这里我再补充强调一下,"我在备课时怎么就没有这种'别扭'的感觉呢",这个就是我们下一个要讨论的问题——预设观的改变——不是不要预设,而是老师要更多地从学生的角度来定位课堂教学,来预设、来设计课堂教学的流程。

预设是必要的，凡事预则立，不预则废。但是，传统教学过分强调预设，从而使上课变成执行教案的过程，教师的教和学生的学在课堂上最理想的进程是完成教案，而不是"节外生枝"。

强调生成性是否意味着否定预设

　　预设表现在课前，指的是教师对课堂教学的规划、设计、假设、安排，从这个角度说，它是备课的重要组成部分。预设表现在课堂上，指的是师生教学活动按照教师课前的设计和安排展开，课堂教学活动按计划有序地进行；预设表现在结果上，指的是学生获得了预设性的发展，或者说教师完成了预先设计的教学方案。

　　预设是必要的，凡事预则立，不预则废。课堂教学是一种有目的、有意识的教育活动，预设是课堂教学的基本特性，是保证教学质量的基本要求。教师在课前必须对教学目的、任务和过程有一个清晰、理性的思考和安排。课堂上也需要按预先设计开展教学活动，保证教学活动的计划性和有效性。

　　但是，传统教学过分强调预设，其突出表现就是严格按教案上课。预设和教案就像一只无形之手控制着教师的课堂教学，从而使上课变成执行教案的过程，教师的教和学生的学在课堂上最理想的进程是完成教案，而不是"节外生枝"。

　　案例：梯形面积的计算
　　（复习平行四边形、三角形面积计算公式的推导方法）

师：梯形面积应该怎样计算呢？今天我们就来研究研究。

生：老师，我知道梯形面积用"（上底＋下底）×高÷2"计算。

师：（愣了一下）你已经知道了，很好，请坐下。

师：（继续着下面的教学程序）

从案例中，我们发现这位学生成了"半路上杀出来的程咬金"，给了老师一个"意外"。这位老师一带而过，继续按原来的教学预案组织教学，按部就班地完成了教学任务。这位学生的发言确实难为了老师：已经知道梯形面积的计算公式了，还学什么呢？原先精心设计的各个精妙的教学环节与预先精心设计好的提问，不是一下子全泡汤了？像这样的例子还有很多。

传统教学把每节课的内容、任务和进程都具体地分解在教案里，就连课堂上要说些什么话，先说什么，后说什么，有几个环节，每个环节多少时间，每个问题抽多少学生起来回答等，都要精细地安排。课堂教学就像计算机输出规定程序一样，是教案的展开过程。从教师的角度说，按照教案里设定的教学目标，在课堂上"培养"、"引导"、"发展"了学生，教学任务就算完成了，教学目的就算达到了，至于学生是否改变了、进步了、提高了，则不重要。所以，以教案为本位实际上也就是以教师为本位，教案反映的是教师的教学过程（设计），而不是学生的学习过程（创造）。

显然，这种教学不是以人为本，而是以本为本，它反映的是僵化封闭的课程观和教学观。这种教学使学生及其发展受到诸多的限制、支配、束缚、控制、压抑、规定，因而变得唯唯诺诺，亦步亦趋，俯首帖耳，盲从依附。从实践来看，过分强调预设和教案，必然使课堂教学变得机械、沉闷和程式化，缺乏生气和乐趣，缺乏对智慧的挑战和对好奇心的刺激，使师生的生命力在课堂中得不到充分发挥。

这么说来，是否意味着否定预设？非也。没有预设就没有教学，我们反对的是以教师教为本位的过度的预设，我们需要的是以学生学为重心的精心的预设。这种预设要遵循学生的认识规律，体现学生的学习特点，反映学生从旧知到新知、从已知到未知、从生活到科学、从经验到理论的有意义的学习过程。为此，教师在预设时要认真考虑以下这些问题：①学生是否已经具备了学习新知识所必需的知识和技能；②通过预习，学生是否已经了解了课文中的有关内容，有多少人了解？了解了多少？达到什么程度？③哪些知识是重点、难点，需要教师在课堂上点拨和引导？④哪些内容会引发学生的兴趣和思维，成为课堂的兴奋点？唯有如此，才能使预设具有针对性、开放性，从而使教师的教有效地促进学生的学！

案例：《圆的周长》[①]

公开课上，学生讨论了测量圆周长的方法后，教师给学生提供了直径不同的圆硬纸片。"我们知道正方形的周长是边长的4倍，那么圆的周长与直径是否也存在一定的倍数关系呢？请分组测量圆片，填好实验报告单。"这时，居然有很多学生小声说："我知道，圆的周长是直径的3倍多一点。""我知道圆的周长是直径的3.14倍。"……

学生的小声议论，使教师精心预设的各个精妙的教学环节落空了。上课的这位教师有些不自然了："是吗，有些同学真聪明！现在请同学们小组合作，测量圆的周长与直径，看看圆的周长与直径到底有怎样的关系，填好实验报告单，然后汇报交流。"

而一位教师则是这样处理的："请知道周长与直径关系的同学举一下手。"全班竟有半数学生举起了手。

"你们是怎么知道的呢？"

"从书上看来的。"

"那么大家知道书上的这个结论是怎么得出的吗？"

"不知道"。

这时教师及时肯定："大家说的结论是正确的，你们能提前预习，非常好！可是却不知道这个规律是如何得出的，想不想自己动手设计

---

① 《新课程教学案例》2005年第5期，第14页。

几个方案，来验证结论?""想!"同学们异口同声地大声回答。"接下来，可以几个人组成学习小组合作验证，看哪个小组能最先证明圆的周长是直径的 3 倍多一点。"教师适时地参与学生的讨论、交流、验证，在此基础上，组织学生逐步概括出圆周长的计算公式。

显然，前一位教师的预设是缺乏针对性的封闭性预设，后一位教师的预设则具有针对性、开放性。

新课程的课堂教学不应当是一个封闭系统，也不应拘泥于预先设定的固定不变的程式。不能让活人围绕"死"的教案转，要鼓励师生互动中的即兴创造，超越目标预定的要求。

当前教学实践中存在哪些生成误区

生成表现在课堂上，指的是师生教学活动离开或超越了原有的思路和教案；表现在结果上，指的是学生获得了非预期的发展。

新课程的课堂教学不应当是一个封闭系统，也不应拘泥于预先设定的固定不变的程式。预设的教案在实施过程中需要开放地纳入直接经验和弹性灵活的成份，教学目标必须潜在和开放地接纳始料未及的体验。不能让活人围绕死的教案转，要鼓励师生互动中的即兴创造，超越目标预定的要求。

但是，生成从性质角度说，有积极的一面，也有消极的一面；从效果角度说，有有效的一面，也有无效的一面。由于教师对生成的认识不全面，以及实施经验的缺乏，实践上便出现了诸多的生成误区，我们从两个维度来分析：

一、学生方面存在的误区

1. 缺乏深度的思考

思维表面化，缺乏应有的深度，所提问题和所谈看法不是基于自己的独立思考和判断，而是"有啥说啥"、"想到哪儿说到哪儿"。如一个教师教《只有一个地球》一课，学生初读课文后，教师问学生："此时你心中有什么滋味？是不是觉得酸酸的、甜甜的、苦苦的?"结果，学生一会儿说酸，一会儿说甜，一会儿说苦，杂乱无章。课堂上说得多，想得少。这也就是被人们批评的"有温度没有深度"的现象。这种课虽然让人感到热闹、活跃，但却不能让人怦然心动，究其原因，就是课堂缺少思维的力度和触及心灵深处的精神愉悦。

案例：《卖火柴的小女孩》教学片段

师：这节课我们讲到这里，大家还有什么不明白的地方吗？

生：老师，世界上还有个卖火柴的小男孩，他叫小珊迪，命运也很悲惨，这小男孩与小女孩有没有关系？

生：小女孩生活痛苦，却带着微笑离开了人间，这幸福是真的还是假的？

生：老师，小女孩为什么不找些木头来取暖啊？

案例：《狼和小羊》教学片段

一位教师在执教《狼和小羊》一文后，鼓励学生大胆质疑，这时有位学生问道："难道这只小羊就这么可怜吗？这时候就不会有奇迹发生吗？"这位教师马上"因势利导"，让学生来思考这个问题。没过多久，善于想象的学生小手如林："这时候，来了一位勇敢的猎人……""谁也没想到，这只狼一头撞在了一块大石头上，结果一命呜呼了"……

2. 悟读变误读

误读表现为随心所欲，胡乱猜想，囫囵吞枣，失之偏颇，失之公允。

案例：《司马光》教学片断[①]

师：你们觉得司马光砸缸救人的做法好吗？

生：大家都慌了，有的去找大人，有的哭起来，只有司马光的办

[①] 《福建教育》2004年第6期，第11页。

法又快又好。

生：我觉得司马光的办法不好，砸坏了公园的缸，有可能把缸里的小朋友砸死。

师：你们觉得第二位同学说的有道理吗？

生：对，小石头都会砸伤人，这么大的石头真的会把缸里的小朋友砸死。

生：缸片飞出来，还会把外面的小朋友砸伤。这办法危险！

师：这几位小朋友真会动脑筋！

其实，该文主要是赞扬司马光在危急时刻不慌不忙、急中生智、挺身救人。而这大智大勇的司马光却被群起而攻，被批了个体无完肤，使大部分学生对人物的理解严重偏离了课文原意。

让我们来再看一组学生对文本主人公的解读与评价：《狐狸和乌鸦》——"狐狸很聪明！你看，它为了得到肉，很会动脑子"；《秦兵马俑》——"我觉得应该感谢秦始皇。如果秦始皇不为自己建造陵墓，就不会留下举世无双的兵马俑了"；《虎门销烟》——"林则徐没有环保意识！几百万斤烟渣冲入大海会造成多么严重的污染！石灰冲入大海，对大海动植物的危害更大！"这些脱离文本主旨，游离文本语境的天马行空式的"独特体验"，是对文本的误解，它不仅严重偏离、曲解了课文原意和科学本质，而且还出现了价值观的偏离，扭曲了学习的方向和实质。

二、教师方面存在的误区

1. 刻意追求生成，违背生成的规律

《坐井观天》一课快结束时，执教教师让学生谈青蛙跳出井口看到了什么。学生畅快地谈着青蛙在井外的愉快生活，一连几个同学发了言，仍不见教师有让他们停止的迹象，而是一个劲儿地追问。在听课者万分纳闷之时，教师发话了："同学们，外面真这么好吗？青蛙

怎么不跳回井里?"大家恍然大悟:原来教师要让青蛙跳回井里!紧接着教师要求学生讨论后回答:从故事中我们读到了什么?虽然学生们的回答各式各样,显然不能满足教师的要求,最后教师只好自己概括出:从故事中我们应该认识到,一方面,青蛙很聪明,学会了保护自己;另一方面,当前人们的环境保护意识太差,所以青蛙都不愿也不能跳出井口……

应该说,此案例中的教师是在刻意追求所谓的"生成",这种为生成而生成的"虚假生成",违反了生成的规律和特点,其实是一种无效的课堂生成。①

2. 缺乏有效引领,导致学生无所适从

在数学课上,有十几种解题方法;在人文课程里,对文本有十几种理解。有的方法巧妙,有的较为繁琐;有的切中主旨、视角独特,而有的却是牵强附会、浅尝辄止,真可谓众说纷纭,而教师在此是"听棋不语",结果一节课下来,学生或是各执一词,不及其余,或是莫衷一是,无所适从。②

案例:《滥竽充数》

教学接近尾声,教师再次要求学生对南郭先生进行评价。有一位学生站起来,表达了一个与众不同的观点:"我觉得南郭先生其实也很聪明。"教师感到有些意外,情不自禁地追问了一句:"为什么?""南郭先生虽然不会吹竽,但吹竽的动作装得像模像样,这么长时间都没有被人发觉,不是很聪明吗?"教师表扬道:"听你这么说,老师也觉得有些道理。谁还赞同这种看法呢?""南郭先生很会利用机会,他看准了齐宣王喜欢听大伙儿合奏的机会,混了进去,很聪明。""南郭先生很知趣,一看齐湣王的爱好同他父亲不一样,喜欢听独奏,就非常及时地离开了,避免了出洋相。"

---

① 杨九俊:《小学语文课堂诊断》,教育科学出版社2005年版,第102页。
② 《中国教育报》2004年3月12日。

"南郭先生知道自己的底细，还能顾全大局，不争着出风头。"教师若有所思地回答："想不到同学们有这么独特的理解，让老师也觉得耳目一新！"于是转身在黑板上写下了"聪明"两字，学生就接受了"南郭先生很聪明"的结论。

虽然课程标准中倡导"珍视学生独特的感受、体验和理解"，对同一篇文章允许作出不同的解释，然而，每一篇课文都蕴涵着一定的思想情趣和价值取向，特别是寓言这种文体，更具有强烈的哲理性、教育性。《滥竽充数》这个成语故事，把它解读为赞扬南郭先生聪明过人显然有违编者及文本的本意，与课文主旨背道而驰。这并非是创新文本，超越文本，而是曲解文本，游离文本，是一种负效的，不负责任的教学行为。[1]

---

[1] 《江西教育》2006年。

预设与生成是辩证的对立统一体，课堂教学既需要预设，也需要生成，预设与生成是课堂教学的两翼，缺一不可。为此，要认真处理预设与生成的关系，使两者相辅相成、相互促进。

如何处理预设与生成的关系

预设与生成是辩证的对立统一体，课堂教学既需要预设，也需要生成，预设与生成是课堂教学的两翼，缺一不可。预设体现对文本的尊重，生成体现对学生的尊重；预设体现教学的计划性和封闭性，生成体现教学的动态性和开放性，两者具有互补性。教学既要重视知识学习的逻辑和效率，又要注重生命体验的过程和质量。为此，要认真处理预设与生成的关系，使两者相辅相成、相互促进。

一、以预设为基础，提高生成的质量和水平

第一，从教师方面讲，首先，要深入钻研教材，读出教材的本意和新意，把握教材的精髓和难点，把教材内化为自己的东西，具有走进去的深度和跳出来的勇气，这是课堂中催生和捕捉有价值的生成的前提；其次要拓宽知识面，丰富背景知识。教师不仅要对教材和教参做深入细致的研读，而且需要自觉地广泛涉猎有关的知识，像海绵吸水一样吸取有用的信息，增加一些可以称为"背景"的东西，并把这些东西进行内化，变成对教学有用的东西，这样，文本在学生眼前就不再是孤立出现的一株植物，而是有着深蓝色天空作映衬的一幅图画。正如苏霍姆林斯基所说："只有

当教师的知识视野比学校教学大纲宽广得无可比拟的时候,教师才能成为教育过程的真正的能手、艺术家和诗人。"再次,要研究儿童心理和学习心理。教师要全面了解儿童年龄阶段特征和班级学生的心理状况,深刻地了解学生学习的客观规律和基本过程,清晰地把握班级学生的知识经验背景和思维特点以及他们的兴趣点和兴奋点,从而能够较准确地洞察和把握学生学习活动和思维活动的走向。这三点是教师在课堂中有效地激发生成、引领生成和调控生成的基础。

第二,从教材方面讲,要强调教材的基础性地位和主干性作用,超越教材的前提是源于教材,必须对教材有全面准确的理解,真正弄清楚教材的本义,尊重教材的价值取向,在这个基础上结合儿童经验和时代发展去挖掘和追求教材的延伸义、拓展义,去形成学生的个性化解读。否则,所谓的个性解读和生成就会失去根基和方向,教学实践中出现的诸多生成误区都是源于对文本的忽视和误读。

第三,从教学方面讲,要强调精心预设,课前尽可能预计和考虑学生学习活动的各种可能性,减少低水平和可预知的"生成",激发高水平和精彩的生成。

如:在教学"在$\frac{1}{6}$和$\frac{1}{7}$之间可以写一个分数(思考题)"时,由于学生已经学习了分数的基本性质以及约分、通分等知识,学习了分数大小比较的方法,所以在设计这道题时,我预想学生可能会出现以下的解法:

①通分扩大法。通分至同分母的分数,然后分别同时扩大,如将$\frac{1}{6}$和$\frac{1}{7}$通分,成$\frac{7}{42}$、$\frac{6}{42}$,再同时扩大2倍,就有了$\frac{14}{84}$、$\frac{12}{84}$,这中间还有一个分数$\frac{13}{84}$;要想得到更多的分数,只要将扩大倍数大一些。(分母不变)

②直接扩大法。如将 $\frac{1}{6}$ 和 $\frac{1}{7}$ 的分子分母同时扩大3倍，成 $\frac{3}{18}$ 和 $\frac{3}{21}$，中间还有 $\frac{3}{19}$ 和 $\frac{3}{20}$。要想得到更多的分数，只要将扩大倍数大一些。（分子不变）

同时部分学生可能会想到第三种方法：折中扩大法。如 $\frac{1}{6}$ 和 $\frac{1}{7}$ 之间可以写一个分数 $\frac{1}{6.5}$，然后将 $\frac{1}{6.5}$ 的分母小数扩大变成整数，成 $\frac{2}{13}$。

正因为认识到学生的认知水平，充分考虑了学生在课堂上可能会出现的情况，我预设了这个环节，采用学生独立思考后小组合作充分讨论，然后全班交流的方法，同时做好了各种不同解法（尤其是第3种解法）的引导准备。

在实际上课的过程中，对于前两种方法大部分小组能提及，但对于第三种方法，只有个别小组能提出来（原来学生对分母是小数的分数还是不太习惯的）。我就让学生对他们所提出的方法进行检验，通过检验，学生发现三种方法都是可行的。应该说达到了预期的目标，可以完成这一环节了，没想到精彩的还在后面：一位学生提出了将 $\frac{1}{6}$ 和 $\frac{1}{7}$ 的分子分母分别相加，分母 $6+7=13$，分子 $1+1=2$，得到一个新的分数 $\frac{2}{13}$，其大小在 $\frac{1}{6}$ 和 $\frac{1}{7}$ 之间！（此法教师在预设时就没有想到）此言一出，全场愕然！有这么简单？

"你是怎么想的？"

"我看到第三种方法中的 $\frac{2}{13}$ 中分母正好是原来两个分数分母的和，分子2正好是原来两个分数分子的和，所以就想到分子分母相加的办法了，也不知道对不对。"

"这种方法可行吗？这还有待于同学进行验证。"

经全班同学验证，屡试不爽。掌声响起……①

从这个案例可以看出来，教师有备而来，顺势而导，才能有真正的"生成"。这种"预设"越充分，生成就越有可能，越有效果。生成是对预设的丰富、拓展、延伸、超越，没有高质量的预设，就不可能有十分精彩的生成。

二、以生成为导向，提高预设的针对性、开放性、可变性

第一，以生成的主体性为导向，提高预设的针对性

相对而言，生成强调的是学生的活动和思维，它彰显的是学生的主体性；预设强调的是教师的设计和安排，它彰显的是教师的主导性。教是为学服务的，它意味着要根据学生的学习基础和学习规律进行预设，想学生所想，备学生所想，从而使预设具有针对性。

  如：一位教师在设计"两位数减一位数的退位减法"一课时，事先对学生进行了调查，结果发现，学生不仅熟练地掌握"整十数加一位数的口算和 20 以内的退位减法"，而且大多数对将要学的"两位数减一位的退位减法"已经有了相应的了解。

  如果把教学的起点定在"整十数加一位数的口算和 20 以内的退位减法"，显然不符合实际。为此，这位教师把教学起点调整为"写一个两位数减一位数的减法并且算出得数"，这样的设计就有了较强的针对性。

第二，以生成的随机性（不可预知性）为导向，提高预设的开放性

生成是师生的"即兴创造"，是"无法预约的美丽"，它犹如天马行空，不期而至。为此，预设要有弹性和开放性，给生成腾出时间和空间。在传统教学中，教师习惯于把课堂上的一切都计算在内，把"意外情况"、

---

① 江泓：《精心的预设，精彩的生成》，《教师之友》2005 年第 5 期。

"节外生枝"都视为课堂异端加以排除，生成自然也就没了立锥之地。教师要确立生成的意识，要深入思考课堂教学的大方向、大环节和关键性内容，把握课堂教学的整体思路和目标指向，为学生的自主活动提供必要的时间。目前许多优秀教师都倡导和实行粗线条的板块或设计，就是基于这样的考虑。如：著名特级教师宁鸿彬教《中国的石拱桥》大体分三步：①学生自读课文。（教师要求学生在文章标题前加修饰语，促使学生思考）②学生提出问题，讨论；教师提问，讨论。③练习。另一著名特级教师陈军的《死海不死》的教学与宁鸿彬的课有异曲同工之妙。①用15分钟读几遍课文，每个学生提出5个以上有价值的问题；②师生共同整理并解决其中的主要问题；③教师提出问题引导学生解决。这些课在过程中不断有新知火花的迸发，这些火花就是生成。

第三，以生成的动态性为导向，提高预设的可变性

强调生成的动态性，意味着上课不是执行教案而是教案再创造的过程；不是把心思放在教材、教参和教案上，而是放在观察学生、倾听学生、发现学生并与学生积极互动上。它要求教师在课堂教学活动中不能拘泥于课前的预设，要根据实际情况，随时对设计作出有把握的调整、变更。

案例：《长方体和正方体的认识》①

一位教师在教学长（正）方体的特征时，先让学生以小组为单位，利用小棒和橡皮泥搭一个长方体、一个正方体。有些小组搭出了"漂亮"的长方体、正方体，可是有的小组搭出的长方体、正方体就是不像样，还有的小组根本就没有搭成。这简直出乎教师的意料，可他还是对学生说：大家搭得很认真，但因为时间有限，有的小组还没搭好，有的小组还没搭出最佳的长（正）方体，相信大家课后一定能搭好。

【反思】：从片段中我们不难发现，课堂教学的进程完全按教师设

---

① 范强：《在生成中建构学生的认知结构》，《新课程教学案例》2005年第5期。

想的流程进行。当学生搭的结果出乎教师的预设时,却被老师的一句"大家搭得很认真,相信大家课后一定能搭得很好"给搪塞了。这样的教学,只能使学习变得机械,缺乏生气和乐趣!

一位听课教师重新对这一新生成的教学资源进行了设计:

大家搭得都很认真,可是为什么很多小组搭不好呢?我们一起来找找原因怎么样?学生你一言,我一语地展开了讨论……原来,不能搭好长(正)方体的小组,他们课前准备的小棒只有23根;搭得不"漂亮"的小组虽然准备了24根小棒,但是小棒的长短不一样。在新的设计中,对于"搭不好长(正)方体"这一临时生成的问题,教师没有回避,而是通过"为什么"来分析原因,认识特征,营造了一个生动活泼的学习氛围,促进了学生积极学习态度的形成。

正是基于生成的主体性、随机性和动态性,新课程才特别强调教学反思的意义。在教学前进行反思,把以前的生成纳入现有的预设范围,拓宽预设的可能性;在课堂中进行反思,及时调整、改变和充实预设,使预设不断完善;在课后进行反思,对课堂教学进行回顾、批判,总结和提炼有效的预设和生成,明确课堂教学改革的方向和措施。

三、让预设与生成共同服务于学生的发展

预设与生成有统一的一面,也有对立的一面。预设重视和追求的是显性的、结果性的、共性的、可预知的目标,生成重视和追求的是隐性的、过程性的、个性的、不可预知的目标。预设过度必然导致对生成的忽视,挤占生成的时间和空间;生成过多也必然影响预设目标的实现以及教学计划的落实。不少有价值的生成是对预设的背离、反叛、否定,还有一些则是随机的偶发的神来之笔,生成和预设无论从内容还是性质上讲都具有反向性。正是基于这一点,我们特别强调,无论是预设还是生成,都要服从于有效的教学、正确的价值导向和学生的健康发展。

相对于学生的发展,预设与生成都只是手段和措施,我们一定要从提

高教学质量、立足学生可持续发展的高度,用长远的、动态的观点来认识和处理两者的关系。在实践中,我们不能离开学生的发展机械地讨论在一节课中是预设多了还是生成多了的问题,有价值的生成即使影响了预设的安排,也不应该草草了事;有质量的预设也不应该为了顾及低层次的生成而患得患失。总之,我们一定要从发展的眼光来看待预设与生成的关系问题。

第三讲 三维目标

各位老师,今天我们一起学习、讨论三维目标的问题。

大家知道,三维目标是我们新课程的一个重要创新点。可以说,三维目标的提出使素质教育在课堂教学中的落实有了重要的"抓手"和坚实的操作基础。我们提倡素质教育十几年了,一直在探索素质教育怎么落实,如何体现在课堂教学中。

在新课程看来,三维目标整合的教学就是素质教育的体现。任何割裂知识技能、过程方法、情感态度价值观的教学都不能促进学生的健康发展,所以,在我们看来,"三维发展观"是科学的发展观、和谐的发展观,至少可以理解为科学观、发展观在教学上的体现。

三维目标这个专题,我们主要围绕下面四个问题展开:

第一个问题:三维目标是三种目标吗?

第二个问题:强调三维目标是否意味着否定"双基"?

第三个问题:怎么处理知识技能与过程方法的关系?

第四个问题:怎样在教学中关注情感态度价值观?

> 为什么讲的是"三维目标",而不是"三种目标"?"三维"与"三种"有什么区别?强调"三维"而不是"三种",究竟意味着什么?它要表达一种什么样的意思?

三维目标是三种目标吗

为什么我们讲的是"三维目标",而不是"三种目标"?"三维"与"三种"有什么区别?强调"三维"而不是"三种",究竟意味着什么?它要表达什么样的一种意思?我们用这个图来表示:

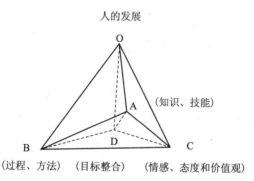

这是一个立体三角形,我们数学老师非常熟悉,其他学科的老师也应该看得懂。底边三角形 ABC,A 这个点表示知识技能,B 点表示过程方法,C 点表示情感态度价值观;D 点是三角形的中心点,这个中心点意味着什么?D 不是单一的目标,它是三维目标的整合——当然我们只是打个比方——D 是三维目标的融合点;OD 垂直底边三角形,它代表人的发展。

大家看看，这个立体三角形给我们提供了怎样的信息？OD代表人的发展，它垂直于底面，既然垂直于底面，它就是直角三角形的一条边。我们把这个图形分成几个直角三角形。大家可以看一下ODC，OD是直角边、OC是斜边，也就是说，你如果单条边去看的话，知识技能AO，过程方法BO，情感态度价值观CO，任何一条边都要长于OD。这意味着什么？

如果你是单个点——单维目标——不是说不能促进人的发展，我们在前两个专题的讨论中也都提到过，单维度的发展可能会突飞猛进的，就像我们上次讨论的有效性问题那样，你考量单个指标都是容易达到的，难的是综合性、综合指标。三维目标也是一样的道理，你强调单维都是容易的，难的是三维目标——既关注知识技能，又关注过程方法，还渗透了情感态度价值观。按照我们的说法，就是知识能力、过程方法、情感态度价值观融为一体，这种教学难度肯定是比较大的，它的整体成效看来也没有那么明显。但是这正是和谐的发展，就像我们考量一个社会文明发展，不仅仅要考量物质文明，还要考量精神文明一样，你不能单个考量，比如经济发展很快就行了。我刚才在引言里面提到过"三维整合的发展观"，实际上就是一种科学的、和谐的发展观。这种"和谐"从某个角度来说，可能意味着要暂时"牺牲"某个单一的指标，强调三维目标的整合，就意味着不能在任何一个单维度上突飞猛进。我们的教学要服从于人的健康、健全、和谐的发展，这是一个最高的宗旨。

我们要强调的是"三维"而不是"三种"目标，有的人把"三维"比喻成为一个长方体的长、宽、高，是三个维度。长方体一定是由这三个维度构成的，两个维度就不能构成长方体。它还强调三维的整合，就像一个人要有肌肉、骨骼，还要有神经系统、血液系统以及思想和精神，它是一个人的有机组成部分。我讲这个问题主要是要确立一个整合的发展观，就是三维目标整合的发展观。

好,我们来看一个案例。通过这个案例,我们来分析三维目标是怎么统一的。

这是朱自清《春》里面的一句话:"小草偷偷地从土里钻出来。"我们来看这个老师是怎么引导学生读这句话的,老师说:"春天到了,小草长出来了。小草怎么长出来的呢?"

学生说:"作者用了'偷偷地'这个词。"

"偷偷地"就是说小草趁人家不注意,让人毫无察觉、无声无息地从土里长出来了,但是没有用"长",而是说从土里——老师用右手食指做了一个向上的手势——学生一看老师这个手势就明白了,小草是从土里面"钻"出来了。

老师照样是在讲解,不是说新课程都不用老师讲解了,关键得看老师怎么讲解。这个老师进一步分析:用"钻"这个词,写出了小草的生长是很不容易的,它要穿过厚厚的土层,有时还会碰到石头瓦块,顶翻它们,然后茁壮地生长出来。可见一个"钻"字写出了春草虽小,但它们的生命力是极顽强、极旺盛的。"偷偷地"和"钻"这些词用得多好啊!

在这个教学片段中,教师在对字词"钻"、"偷偷地"的教学中,通过引导学生展开联想和想象,认识小草生长的劲头,领悟小草默默无闻、不哗众取宠的品质以及不怕困难挫折、顽强进取的精神。这一个看似简单的字词教学,照样可以把知识技能、过程方法、情感态度价值观融为一体,既有知识,如"钻"、"偷偷地"是什么意思,也有过程,如让学生展开想象和联想,同时渗透价值观的引导,从而达到三维目标的统一。

实际上,不论是识字、写字、阅读、写作,还是练习,都有情感态度价值观的渗透和方法的运用。知识的掌握、能力的获得,在任何一个显性领域中都有隐性的目标维度存在。

我们强调的是"三维目标",而不是"三种目标",这对老师来说究竟意味着什么?首先,我们要有这样的意识——整合的意识。第二,在教学的各个过程、各个阶段当中应该始终如一地贯穿三维目标整合的理念。至于在具体的实践当中它们是怎么结合的、哪一个维度的目标是显性的、哪一个维度的目标是隐性的，这些问题就变得非常具体了。有的时候，过程方法这个维度是显性的，就像刚才讲字词的教学，情感态度价值观的渗透，则是隐性的。我们也可以旗帜鲜明地提出一种观点、一种精神，用这种精神和观点来带动知识技能的学习，来带动过程方法的体验和掌握。哪个维度是显性的、哪个维度是隐性的，也是变化的，不是一成不变的，要看具体的教学内容并结合学生的年龄特点。比如语文学科，强调工具性和人文性的统一，我们可以把工具性看成是一个知识技能、过程方法的统一，人文性就体现在情感态度价值观方面。在不同的年龄段，如在低年级、中年级、高年级，这两个维度结合的重心是不一样的，年级越低，字词的知识技能的教学分量可能就相对大一点，年龄越大情感态度价值观就越来越凸显。在不同的年级、不同的学段，整合的维度、角度是不一样的，所以，我讲在实际的操作当中变得非常复杂就是这个道理。我们不可能开出很好的药方来，在研修这个专题的时候，有老师提出这样的问题：能不能帮我们列举出某门学科的"情感态度价值观是什么"、"过程方法是什么"等等，这些问题应该通过很多次的交流和讨论，在实践中摸索出来。因为从某个角度来说，情感态度价值观是模糊的、弥漫性的、渗透性的，谁都不能全部具体列出来，关键是我们要有这种意识——把学生看成人——在教学当中不仅仅是传授知识、训练技能，还要让学生经历一定的过程，掌握一定的方法，同时注重情感态度价值观的渗透。我相信一线的老师在具体的实践中肯定有很多具体的创造。这是第一个层面的问题，确立三维目标整合的理念。

"双基"教学并不是一无是处的，但是它用一个维度代替三个维度，在强化知识技能的同时，忽视了其他维度，这是它的要害。从根本上来说，这不是以人为本的教学。

强调三维目标是否意味着否定"双基"

大家都看到了，这绝对不是否定双基的意思。为什么呢？因为三维目标本身就把"知识技能"当成一个维度，而且按照大家的习惯理解，它是摆在第一位的。三维目标把"知识技能"列在首位，所以新课程从来没有否定、轻视知识技能。但是，我们一贯强调知识技能的教学一定要服从、服务于人的和谐发展——这是新课程的核心理念。我们不能为知识而知识，为技能而技能。

"双基"——所谓的"双基"就是基础知识、基本技能，它是过程方法、情感态度价值观的载体和依托。过程方法不能离开学科知识体系；情感态度价值观也不能孤立于这个学科的知识体系之外，失去这个基本依托。我们传统的教学就是把它剥离出来，把渗透在知识体系当中的过程方法、情感态度价值观剥离出去，变成孤立的东西。

下面这一段话是对传统的"双基"教学的一个很好的概括："双基"教学重视基础知识、基本技能的传授，讲究精讲多练，主张"练中学"，相信"熟能生巧"，追求基础知识的记忆和掌握、基本技能的操演和熟练，以使学生获得扎实的基础知识、熟练的基本技能和较高的演算能力为其主要的教学目标。客观地说，这种教学观念并不是一无是处的，但是，当我们从新课程的理念来看，从素质教育的精神来看，从刚才所讨论的三维目标整合来看时，它就有问题了。因为在传统的"双基"教学看来，知识技能是首位的，情感态度价值观、过程方法则是附属的，甚至认为知识技能传授好了，能力自然就有了，情感态度价值观自然就会渗透了。我们现在回过头来看，这是不可能的，过度地强调一个维度，就会冷落、忽视甚至损害其他维度的发展，就是不和谐了。所以，我们强调科学、和谐发展观。传统的"双基"教学，在传授知识、训练技能上已经形成一套牢固的体系，也积累了非常丰富的经验，老师对传统的"双基"教学有一份解不开的"情结"，总觉得我教的东西学生掌握得很透彻，技能非常熟练，解题能力很强。老师常以此自豪。

在启动这一轮课程改革之前，教育部基础司曾经对全国进行了大面积的抽样调查，调查结果显示，老师经常讨论的话题基本上局限在"双基"——基础知识的传授、基本技能的训练上。传统的教材也是如此，它是以知识技能为本位的教材，所以知识技能是非常体系化的、很有逻辑性的。老师教起来感到很方便，感到很充实。现在，要求教材本身内含一种经历、一种体验、一种方法、一种思考，教材把这些东西写进来了，这是对原来的知识单维度论的解构。客观地说，"双基"教学并不是一无是处的，但是它用一个维度代替三个维度，在强化知识技能的同时，忽视了其他维度，这正是它的要害，从根本上来说，这不是以人为本的教学。过度地强调"双基"会导致两个方面的后果：

第一，导致迷信权威、思维定式，即使是正确、必要的基础，也要讲究适度，就像我们太了解、太喜欢一个人，反而不大可能正确全面地看待他一样。因为太熟悉了，就缺少质疑和批判，容易导致迷信"双基"，导致思维的定式。

第二，太注重基础扎实、太注重"双基"的强化训练，必然导致负担过重。"双基"的一个基本理念是相信熟能生巧，但是，实践中也导致"熟能生厌"、学生兴趣的丧失。

当然，我们讲新课程强调三维目标并不是要忽视"双基"，但是对"双基"要有新的定位，就是要把"双基"纳入到三维目标的框架当中来，不能离开人的发展、离开三维目标单纯强调"双基"。

新课程的"双基"观，第一就是"双基"的内涵发生了变化。我们传统的"双基"是从一个学科——比如我教物理、我教数学、我教化学、我教语文——的发展需要来界定"双基"。比如我教数学，总以为我的学生将来考大学念数学专业，用这种眼光来"打造"学生的数学基础，至于这个学生将来是不是真的去念数学专业，老师是比较少考虑的。这是就学科本位打造基础，为我这个领域、这个学科培养后备人才，所以"双基"就越搞越深、越搞越复杂了。这是为学科发展打基础，而不是为学生将来作为一个公民——合格的乃至于优秀的公民，打造基础。在基础教育阶段，为培养合格公民而应该掌握什么样的数学，掌握什么样的物理——以人为本来打基础，这是以人为本的基础观——是作为一个人，作为一个公民，在这个社会生活所需要的基础。

第二个就是我们一直强调的，要有一个和谐的发展观。"双基"只是课程目标的一个维度，不能孤立起来谈"双基"，把"双基"绝对化。我们现在是强调把"双基"放在三维目标的整合中来考量，要跟情感态度价值观、过程方法融为一体。

从一门学科的角度来说，它就是这样的：知识技能是学科的躯体，过程方法是学科的思维方法，情感态度价值观是学科的"灵魂"。

怎么处理知识技能与过程方法的关系

知识技能与过程方法的关系，即我们通常所说的结论和过程的关系。与这一关系有关的还有学习与思考、接受与发现、掌握与感悟、学会与会学、知识与潜力、继承与创新等关系。

知识技能，从学生学习的角度来说，它的目的是为了学会——你今天学会了什么知识，掌握了什么技能；那么，过程方法，实际上就是让学生学会学习，培养学生学习的能力。从学习的角度来说，要把学会和会学统一起来；从教学的角度来讲，就是要把结论和过程统一起来。老师既要注重结论，也要注重过程，二者要统一。我们打个比方，知识技能如果指的是一个人的肌肉、骨骼、外形，那么过程方法指的就是人的血液系统、神经系统，情感态度价值观指的就是人的精神、灵魂。你说一个人单单有骨骼、肌肉，没有精神、灵魂，不就是行尸走肉了吗？它必须有血液系统、神经系统、精神系统，它们是贯穿于人的各个角落、各个部位的，但它们是渗透式的。你可以把骨骼、肌肉分成这一块那一块，但是，神经系统哪怕是出一点点问题，麻烦就大了。从一门学科的角度来说，它就是这样的：知识技能是学科的躯体，过程方法是学科的思维方法，情感态度价值观是学科的"灵魂"。我想，这对于理科来说更是如此。如果我们要让学生在脑子里面形成一门学科活的认知结构，就要强调这几方面的整合。每门学科的基础知识、基本技能、基本原理等是一个框架、一个体系，它有一个内在的逻辑关系，但是贯穿这个内在逻辑关系的、更重要的则是学科的思维方法、思维方式、思想方法。如果学生学了数学、物理，在掌握数学知识、物理知识的过程当中，没有领悟或者掌握其中的思想方法、思维方式，他掌握的就是一大堆"死"的知识，是"行尸走肉"。学生不能激活它，不能驾驭它，更不能运用它。只有思想、方法、思维才能驾驭知识。

一般来说，结论往往是比较单一的，过程是比较多样的。因为学生思维方式是多样化的。结论相对来说是封闭的，过程相对来说是开放的；结论相对来说是简洁的，过程相对来说是复杂的。所以注重过程的教学必定要付出更多的成本，因为它是多样的、开放的、复杂的。当然，这里最重要的问题是：结论是不是经过学生的思考而获得的。

好，我们来看两个案例。

第一个案例是"蝴蝶的启示"——

> 有人发现已经裂开了一条缝的茧中，蝴蝶正在痛苦地挣扎。他于心不忍，便拿起剪子把茧剪开，帮助蝴蝶破茧而出。可是这只蝴蝶却因身体臃肿、翅膀干瘪，根本飞不起来，不久便死去了。蝴蝶必先在痛苦中挣扎、直到把翅膀练强壮了，再破茧而出，才能飞得起来。省去了过程，看似为其免除了痛苦，但结果却是适得其反。

当然，我也可以把结论直接告诉你，免得你去探究，花了那么多时间。把过程省略掉看似更快，其实是要付出代价的。学生的学习也是一样的，重结论、轻过程的教学，排斥了学生的思考和个性，把教学过程庸俗化到无需智慧努力，不要动脑筋，只要记忆、练习就能掌握老师所讲的东西，所以就有了掌握知识却不思考知识、诘问知识、批判知识、创新知识的"好学生"——这实际上是对学生智慧的扼杀和个性的摧残。夸美纽斯指斥中世纪学校"变成了儿童恐怖的场所，变成了他们才智的屠宰场"。

恩格斯曾批评英国的爱北斐特中学，虽然经费充足，但由于它"流行着一种非常可怕的背书制度，这种制度半年时间就会使一个学生变成傻瓜"。毛泽东主席也批评旧的教育"摧残人才，摧残青年"，使学生"越读越蠢"。他们指的都是这种情况，看起来学生在一个规定的时间里面获得的知识量很多，但是，因为没有过程，没有思考，结果适得其反。我这里有一个很有趣的故事——

　　一个驾船水平非常高的船王，他把自己所有的本事都一一传授给了儿子。船王也感到儿子好像把他的技术都学到手了，所以，第一次就非常放心地让他一个人出海。他的儿子却再也没回来，还有他的船。他的儿子死于一次台风，一次对渔民来说微不足道的台风。船王十分伤心，他就想：我真不明白，我的驾船技术这么好，我从他懂事起就教他如何驾船，从最基本的教起，告诉他如何对付海上的暗礁、暗流，又如何识别台风前兆，要如何采取应急措施等等，我把多年积累下来的经验毫无保留地传授给他，可是他却在一个很浅的海域里面丧生。渔民们纷纷来安慰他，一位老人问他："你一直手把手地教你儿子吗？"

　　他说："是的。为了让他掌握技术，我教得非常仔细。"

　　"他一直跟着你吗？"这个老人又问。

　　他说："是的。我儿子从来都没离开过我。"

　　这个老人就说："这样看来你也有过错。"

　　这个船王就感到不解啊，问："我有什么过错？"

　　这个老人跟他说："你的过错已经十分明显了，你只传授给他技术，却没能传授给他教训。"

对知识来说，如果没有教训作为根基的话，知识就都只是纸上谈兵。你自己要在海风海浪中搏击，要自己经历，自己体验，才能积累经验——是你的经验，别人的经验对你来说都只是知识，都是纸上谈兵的东西。学生学习也是一样。

我们还要确立这样一个观念：结论相对来说是单一、封闭、简洁的，过程相对来说是多样、开放、复杂的。即使是为了达到单一的结论，也需要一个较复杂的、多元的过程。这是什么意思呢？只有多元的过程、多样的思维方式，才有助于真正的理解和领会。即使是单一的结论，我们也希望经历一个多样化的过程、多种观点的碰撞，这样得到的结论和观点是最珍贵的。大家看看"杜十娘怒沉百宝箱"这个案例，看看这个老师是怎么教的。

老师先让同学快速浏览课文，然后简要概述故事情节。铺垫工作做完之后，老师在黑板上写了两个字"出路"，并说："当杜十娘得知自己被李甲转手卖给孙富之后，除了投江自尽外，她还有没有别的路可走？"

老师要求同学们给杜十娘做一回"策划人"，为她设计一下她的出路——除了投江自尽外，还有没有别的办法？老师给孩子们一点时间讨论，之后，同学们为杜十娘设计出路。

第一个孩子："我觉得杜十娘完全没有必要在一棵树上吊死。李甲对她不好，她可以另找人，不一定要自杀。"

这是第一种——老师就概括为"另觅知音"。

第二个学生说："杜十娘很有钱，她可以先把自己赎出来，然后买一座房子，过一种自由自在的生活，这样也比她投江自杀好。"

这个叫"独身生活"——老师对孩子的观点做一个简要的概括。

第三个学生说："她是京城名妓，凭着她的色艺，完全可以自己去开办一座妓院，挣很多很多的钱，把自己的后半生安排好。"

还有很多想法，如有的学生说"去当尼姑，当尼姑总比投江自尽好吧，可以保住生命"，还有的同学说"看看李甲还有没有悔过自新的表现，也许他们经过了一段曲折磨难以后，又会重结良缘"。老师把学生各种各样的意见归纳为以上五个观点、五条出路，然后，老师提了一个这样的问题（老师真是循循善诱）："我们在为人物命运作出安排的时候，能不能违背人物本身的性格特点？"

思维发散之后，开始收敛了："人物能不能脱离他所处的时代背景？"短暂的沉默之后，学生一齐说："不能！"

既然这样，我们就来看一看人物的性格特点和人物所处的时代背景。杜十娘的性格分析很简单，大家很快概括出"心地善良"、"聪明机智"、"坚强刚烈"、"忠贞不渝"等等。时代背景老师做了简要的介绍，主要强调的一点是明代整个社会是"以利相交"的，存在利益色彩浓厚的社会风气。"好，现在就请大家结合杜十娘的性格特点，并结合明代社会的特点，想一想，同学们为杜十娘设计的这些出路有没有可能实现？"老师提出了新的问题。

大家又是一阵讨论，一个一个地分析，到最后，老师和同学们总结出："她唯一的选择、唯一的出路，是用自己的死来表明理想的高贵和现实的卑劣。正如题目中的一个'怒'字，她是以了结生命的方式来表达对时代、对社会的愤怒与控诉！"——这也正是这篇小说的悲剧内蕴所在。

我们现在不分析老师的这个结论是不是就一定是对的，而是来分析为了达到这样一个所谓单一的结论，必须要经过一个怎么样的过程，显然只有经过多样化的思维过程、多种观点的交锋，才有助于学生深刻地理解。我想，不仅人文学科如此，理科、自然科学也是一样的。它们的本质就是学生思维的参与，即使学生的思维是不够深刻的，或者是不够到位的，也需要思维参与，只有自己思维参与了，才能够真正领悟文本的思想。这就是过程的力量。也只有经历这个过程，学生才能掌握思考方法，形成自己的思维方式。如果没有过程，老师也可以通过讲授，直接告诉学生"死是她唯一的出路"，不经过这个过程可能只需要一节课、半节课就教完了，学生考试的时候也只要记住这个结论就可以了。但是，这个结论始终是外在于学生的，"杜十娘"不可能"走进"学生的情感世界。只有经过这样一个过程，"杜十娘"才能真正地"走进"学生的心灵世界，而这个结论才变得有意义起来。

关注情感、态度和价值观，是以人为本思想在教学中的体现，它的实质是关注人。关注情感、态度和价值观与关注学科、关注过程方法构成了一个完整的学科教学体系，两者是教学中一对重要的关系。

怎样在教学中关注情感、态度和价值观

前面讲的是过程与结论、知识技能与过程方法这两个维度的关系，那么第三个维度，我们就来看看情感、态度和价值观这个维度怎么在教学中体现、落实。

关注情感、态度和价值观，是以人为本思想在教学中的体现，它的实质是关注人。关注情感、态度和价值观与关注学科、关注过程方法构成了一个完整的学科教学体系，两者也是教学中一对重要的关系。

从教师的角度来说，它表现为教书与育人的关系——我们既要教书还要育人；从教学的角度来说，就是认识与情感的关系。当然，教师既要关注学科，这是肯定的，但是现在更强调人——对人的关注——以学科为本位的教学是"目中无人"的教学，它重认识，轻情感。

我经常想起很早以前听过的一节课：老师上"时间的认识——年、月、日"。这个老师的教学设计流程非常有序，也非常简洁，整个教学安排是非常流畅的。一节课上下来，学生对教学内容都掌握了，而且掌握得非常好，但是，一节课40分钟，这个年轻的老师站在讲台上，始终都用一种非常呆滞的眼神、冷漠的表情、单一的手势在上课。我坐在下面听课，真的如坐针毡，说得严重一点，真的感到毛骨悚然。我仔细观察全班同学的脸部表情，发现绝大多数同学也面无表情、目光漠然。这非常可怕。

记得教育家赞可夫说过一句话："课本知识如果没有经过教师情感的加温，那么这种知识传授越多，你的学生将变得越冷漠。"

在教学中，如果教师上课冷漠，那么学生听课也必然冷漠。教师毫无激情地讲课，学生必然毫无激情地听课；教师无真情地讲课，学生必然无表情地听课。没有激情，课堂就像一潭死水；没有真情，师生即使面对面，也会背对背。在这种情况下，知识传授、能力培养，实际上都是很难实现的。

接下来我们还要讨论一个话题：知识越多是不是品德一定越高尚。或者说教书与育人究竟存在什么关系？

我们先看看这段话，一位从纳粹集中营中逃脱的幸存者，战后做了一所中学的校长，每当一位新老师来到学校，他都会交给那位老师一封信。信中这样写道：

> 亲爱的老师，我是一名纳粹集中营的幸存者。我亲眼看到了人类不应当见到的情境：毒气室由学有专长的工程师建造，儿童被学识渊博的医生毒死，幼儿被训练有素的护士杀害，妇女和婴儿被受过高中或大学教育的士兵枪杀……看到这一切，我疑惑了：教育究竟是为了什么？
>
> 我的请求是：请你帮助学生成长为具有人性的人！你们的努力绝不应当被用于创造学识渊博的怪物、多才多艺的变态狂、受过高等教育的屠夫……只有在使我们的孩子具有人性的情况下，读写算的能力才有价值。

美国那时候也特别强调"读写算"，他们叫"三基"。这位校长认为一个孩子只有在具有健全人性的情况下，读写算才是有价值的。我也强调过"我们在任何时候都不能以牺牲学生身心健康、个性和谐为代价，来换取所谓的学业成绩"，道理是一样的。

我这里也算是出一个思考题给大家了：伴随着学科知识的获得和能力的发展——这是我们一个重要的教学目标、教学追求——你有没有考虑到，我们的学生是不是变得越来越有爱心，越来越有同情心，越来越有责任感，越来越有教养？

我想起几年前听的一节课。

这个老师上看图作文课。这幅图是阴差阳错的——春夏秋冬的景象都有。老师要求每个孩子根据自己最喜欢的一个季节改画这个图，比如你最喜欢春天就都画成春天的景象，然后写一篇看图作文。老师布置完任务以后，就让小孩子分组讨论。我就随机坐在一个小组旁边听他们讨论。

刚开始，就发生了一件有趣的事情，一个虎头虎脑的小男孩说："我先说！"

旁边那位小女孩瞪了他一眼，说："为什么每次都是你先说？"

小男孩"当仁不让"，非要先说不可。在小组合作学习中，男孩子往往成了"语霸"，老师们要注意引导。

这个男孩子开口就说："我最喜欢冬天！"

他讲话有板有眼，顿了一下，我不知道他要讲什么，就问他："你为什么最喜欢冬天？"

他瞪了我一眼，说："冬天多好玩啊！冬天河里面会结冰，可以在上面滑冰。我最喜欢滑冰了。"

我再多嘴问他一句："是不是到了冬天，河里面都会结冰？"因为，我想，我在福州都十几年了，还从来没看到过到冬天河里面会结冰，所以我就追问了他一句。没想到，这个小男孩这下子就双眼圆睁，瞪了我一眼，丢下一句："你这个人都长这么大了，怎么连这一点都不懂？"

他差不多是指着我的鼻梁，说出这句话的。下课的时候，我跟老师聊。我就开玩笑地跟老师说："你想想看，你有什么资格教育你的学生反对美国搞霸权主义?"——当时正好是美国"9·11"事件之后,很多人既同情美国又声讨美国,说它搞霸权主义。这个老师也感到纳闷,问我怎么提这样一个问题呢?我说:"你想想看,你的学生,他知识比我多一点——他懂得'冬天河里边会结冰',我不懂得,他就用那种态度对我讲话!你再去想想看,美国为什么要搞霸权主义。这个学生如果到时候是'世界第一',他会不会搞霸权主义?我们说别人都容易,等到我们是第一的时候,会不会搞霸权主义?"

所有的教学问题严格说来都是教育问题。大家可以仔细地去琢磨琢磨"教学永远具有教育性"这句话的内涵。

我经常讲,考量一个学生的做人品质,可以从他对待自己分数和同学分数的态度上看出来。比如说,他考80分,他对考90的人是什么态度、心态,他对考70分、60分、不及格的学生是什么样的态度、心态,你就看出他的人品、人格。我们现在是不断地强化分数等级的比较,这个会带来什么样的恶果?我这里提供给大家一个案例——"希特勒带来的警示和反思"。

1983年——记不清1983年还是1984年了——创刊不久的《世界知识画报》连载"二战画史",曾刊登过一张希特勒的小学毕业照。小学生希特勒在合影上站在最后一排,他两臂交叉。照片上面有个说明——他为什么站在最后一排。因为根据当时的惯例,拍照的位置按学习成绩安排,成绩好的学生坐在前排教师身边,成绩差的往后排站。那个11岁的希特勒是成绩最差的学生,所以站在最后一排的一个角落。

这张照片,我看过就想,不知道"成名"后的希特勒是否怀恨过自己的同学和小学老师,但是我相信他不可能忘记自己所蒙受的这一耻辱。至于拍毕业照时只能站到后排的屈辱在他人生命运中起了什么作用,与他对人类犯下的罪行有什么关系,未必没有思考价值。

我曾经看到一幅外国漫画，讲的是一个老太太驾车，结果闯了红灯被警察逮住了。老太太说："我今天监考啊，时间来不及了，赶快先放了我吧。"

你们猜这个警察怎么说的。他说："我当了三十年警察，终于逮到了一个老师，怎么能轻易就放了呢？"

漫画后面有个注明，说这个警察读书的时候是个差生，经常受老师"K"。后来当了警察一直想抓老师违法，他说："我等了三十年，终于抓到了老师，我怎么会轻易放了呢？好！罚抄三百遍'我闯红灯'！"

当然，希特勒少年时代过的究竟是什么样的生活，他在学校里究竟还有哪些故事，有着各种各样的说法，但可以肯定的是，在童年和少年有点特殊的他，没有受到良好的教育，没有得到教师的关心爱护，谁能说他后来的所作所为与那张照片上的座次无关呢？仔细想想，童年的经历、你跟同学的关系，是你一生都磨灭不掉的。所以，最后一句话："把每个学生都当人看！"

老师要特别关注学业成绩不良的学生，对这些人要给予特别的尊重，这才真正体现以人为本，就像现代社会强调和谐发展，政府要特别关注弱势群体一样，否则，社会是要付出代价的。我们讲关心，肯定是要关心所有的学生，但是好学生，你关心是不用说的——作为老师喜欢长得可爱一点的、聪明的、听话的学生——这也是人之常理。但是，作为一个教育者，你要有这样的一种使命感、责任感——对"后进生"要特别关注，包括像希特勒这样的学生——有点古怪、偏执，学业成绩不良甚至智商有缺憾、经常顶撞老师的，你对这样的孩子要特别给予关注。任何不小心、任何对他的伤害，都有可能给社会带来灾难。你要有这样的意识：情感、态度和价值观的宗旨，核心是对人的关注、对人的尊重及对人的关爱。

我们要确信"生命不能被保证"!

我们很难说这些人将来会怎么样,因为将来的路也照样是充满了"生成",充满了不确定。我想,就像社会尊重弱势群体一样,我们应尊重每一个学生,这要成为我们最根本的教育意识。

关于三维目标,我就先讲到这里。

第四讲 教学情境

各位老师,今天我们一起学习、讨论教学情境的问题。

这个专题是大家非常熟悉的,因为在传统的教学当中,我们老师也非常注重情境创设。

在新课程背景下,我们对情境的内涵、情境的价值,要站在一个新的高度来重新认识。在新课程推进过程当中,教学情境和情境的创设,已成为一个非常热门的话题,甚至到了这种境况:公开课几乎是到了"无情境不上课"的状态。

我们今天要研讨的,就是情境到底有什么价值,为什么要创设教学情境。这是我们今天要讨论的第一个问题。

第二个问题,教学情境有哪些主要类型?

第三个问题,我们一起来分析讨论一下当前教学情境创设过程中存在哪些误区。

第四,如何创设有价值的情境。

情境之于知识，犹如汤之于盐，盐需要溶入汤中才能被吸收，知识也需要融入情境之中，才能显示出活力和美感，才能容易被学生理解、消化、吸收。这就是情境的价值。

为什么要创设教学情境，教学情境有什么意义

我先从一个比喻说起。

德国一位学者说过这么一个比喻。他说，将15克盐放在你的面前，无论如何你难以下咽，但将15克盐放入一碗美味可口的汤中，你就会在享用佳肴时，不知不觉地将15克盐全部吸收了。

情境之于知识，犹如汤之于盐，盐需要溶入汤中才能被吸收，知识也需要融入情境之中，才能显示出活力和美感，才容易被学生理解、消化、吸收。这就是情境的价值。我看这个比喻非常生动地揭示了情境的价值。

新课程特别凸显教学的情境性，跟我们强调回归生活、联系生活是有关系的。生活也是"汤"，知识要融入生活中，才容易被学生理解、消化、吸收。干巴巴、孤零零、枯燥的知识，很难被理解、消化和吸收，这个道理非常简单。我想，你们听我们讲课，听专家做报告也都希望专家多讲一些案例，这个道理是一样的。案例跟观念，就是"汤"跟"盐"的关系，观念要融入案例就好理解。

我们的教学，也应该把知识融入到情境、融入到生活当中来进行。当然，你不能绝对化，绝对化了又会出现问题，下面我也会作具体分析。

我们知道，盐是每个人健康成长所需要的东西，但是不能就盐吃盐，那是很难下咽的。知识也是一样的，是每个人健康、和谐发展所必需的一种精神食品，但是你不能就知识来理解、消化知识，你要把它融入到一定的情境当中。我通过下面两个案例来讲情境具体的价值和意义。

第一个案例，是一堂初中作文课，是议论文写作训练课。

开始的时候，老师跟学生有这样一段对话："春光明媚，鸟语花香，外面的世界很精彩，此刻你们的心里最期待的是什么？"老师问。

孩子们异口同声地回答："春游！"

"这涉及安全问题……再说，我们的学习也不能耽误……因此，我建议，取消这次活动。"老师的态度有点"暧昧"。

"为什么不让我们去？其他班都去了！"教室里群情激奋，吵吵嚷嚷，有的敲打桌子，有的满脸涨得通红，有的趴在桌子上直生闷气……

"辱骂和恐吓绝不是战斗。"老师调节着学生的情绪。

这时候，班长站了起来，大有"为民请命"之势，说："我想问老师，为什么不让我们去？"

"我更想知道，为什么你们一定要去？"老师非常巧妙地把话语引入正题。大家沉默了很久。"你们也许不愿意明说，那你们就把你们的理由写出来吧。"

接着，老师在黑板上写上"我们为什么要春游"的作文题。此时的学生带着自己的意愿，带着自己的希望，带着不吐不快的激情，写下了真情流露的作文。

当然，老师也可以一上课，就说："今天的作文课，写'我们为什么要春游'，春游有什么意义、价值。来，大家开始写。"也是一种导入法。但是，大家想想看，这种导入跟前一种导入，这种情境跟前一种情境相比较，写出的作文会不会一样？

从这个角度来说，情境有两个要素：一个是"情"，一个是"境"。你要把他的"情"激发出来，激发学生进入学习状态，把那种"境"创设出来，带领学生进入那种情境。

接下来，来看第二个案例。这是小学语文的，大家看这篇课文。课文只有六句：

> 春天对冰雪说了什么，
> 冰雪那么听话，都化了。
>
> 春天对小草说了什么，
> 小草那么听话，都绿了。
>
> 春天对花儿说了什么，
> 花儿那么听话，都开了。

我们看看这个老师是怎么教的。

"同学们，一年有几个季节？"老师问。

学生回答："一年有春夏秋冬四个季节。"

老师再问："同学们最喜欢哪个季节？"

学生1："春天。"

学生2："春天。"

还有学生举手，老师没有让他们继续发言。

"有这么多同学喜欢春天，那我们今天就来一起学习第一课《春天》。请同学们打开课本，默读课文，标出不认识的字和词语。"老师说。

这也是一种导入情境。这个导入大家仔细琢磨琢磨。老师问，一年有几个季节，学生回答春夏秋冬。老师问，你们最喜欢哪个季节，第一个学生回答春天,第二个学生回答春天,这都属于配合老师的学生,是不是?我们在预设跟生成这个专题里谈到这个问题了。老师觉得目的已经达到了,是吧?你喜欢夏天的,喜欢秋天的,喜欢冬天的,那就属于不配合老师的回答了。所以老师就进入主题了,这可是你们要学习春天,不是我要你们学习的。

我们再来看看具体的课文教学。

学生默读课文,提出了不认识和不理解的词语:冰雪、化、绿。接着,认识生字、生词,教生词的读音和写法;然后开始进入课文,这也是我们一般的教学流程。

"同学们见过冰雪吗?"老师问。

学生回答:"见过。"

"看看插图,想想春天对冰雪说了什么?"老师问。

学生回答:

"春天来到了,你醒醒吧。"

"你快化吧,我好冷。"

"冰雪为什么那么听话?"老师问。

学生回答:

"因为太阳出来了。"

"因为冰雪怕春天。"

"因为冬天过去了。"

学生齐读第一段。

"第二段,春天对小草说了什么?"老师继续问。

"春天说,我喜欢绿色。"

"我喜欢绿色的小草。"

"那么小草'绿'了是什么意思?"老师问。

"小草长出来了。"

"小草由黄色变成绿色。"

"第三段，春天对花儿又说了什么？"

"花儿，你快快开吧，蜜蜂要采蜜了。"

"花儿，你快快开吧，小朋友们都喜欢你。"

学生齐读第三段。

"为什么春天一说话，冰雪、小草、花儿都变了？"老师最后问。

"因为它们都很听话。"学生一齐回答。

有学者已经对这种选文的价值取向提出了质疑，我们这里不讨论这个问题。

从传统的教学来说，这堂课已经非常完整，整个过程也非常流畅，而且老师也注重发挥学生的积极性，对不对？但是，按照新课程的理念来看，它却有明显的不足，即就知识教知识，没有融入到生活之中，没有融入到情境之中，特别是学生的经验，学生眼中的春天，学生感受到的春天，没有参与到课文的解读中来。老师是就课文教课文，就知识教知识。小孩子们喜欢春天，春天是什么样的，春天带给你什么体验，你有什么感受等等，都是教学盲点。讲的都是冰雪、小草、花儿的变化，春天来了，小朋友们有什么变化都未提及——文本跟生活是"两张皮"。

我想，先让学生描述一下他们经历的真实春天，然后来看看书本怎么描绘春天，这样就把文本与生活联系起来了。

我们现在回过头来做一个梳理：情境，它就是美味可口的汤。知识要溶入汤当中，学生才容易理解、容易消化、容易吸收，才容易把知识内化为个性化的东西。

情境有两方面的价值，或者说有两个意义。

情境能够激发学生学习的热情，唤起学生的求知欲。这是情境中的"情"的作用。

那么"境"的作用是什么呢？

"境"，就是用一种直观的方式，再现书本知识所表征的实际事物或者实际事物的相关背景。形象地说，"境"就是一座桥梁。有了这座桥梁，学生就容易实现形象与抽象、实际与理论、感情与理性，以及旧知与熟知的沟通和转化，从而使学习和理解变得容易和有趣。

当然，你不能绝对化，不能为情境而情境，情境只是学习的凭借或工具。如果学生已经进入抽象思维了，就用不着什么东西都回到形象上去；如果事事都要回到形象上，反而压制了学生抽象思维能力的发展。

我概括了六种。当然不一定全面，也不一定都准确，抛砖引玉，提供给大家借鉴和参考。

教学情境有哪些主要类型

根据情境创设的依托点的不同，我把教学情境概括为以下六种。当然不一定全面，也不一定都准确，抛砖引玉，提供给大家借鉴和参考。

第一种，借助实物和图像创设的教学情境

教学中的实物主要指实物、模型、标本以及实验、参观等。如一教师在教《珊瑚》一课时，展示了"像鹿角"、"像菊花"、"像树枝"三种珊瑚，让学生对珊瑚有了真切的感知，这便是通过实物创设情境。苏联著名教育家苏霍姆林斯基十分重视实地考察的教育作用，他经常带领孩子们到大自然中去，细心地观察、体验大自然的美，从而让学生在轻松愉快的气氛中学习知识，激发学生的学习兴趣，发展学生的想象力和审美能力。他说："我力求做到在学生的整个童年时期内，使周围世界和大自然始终都以鲜明的形象、画面、概念和印象来给学生的思想意识提供养料……"

实验过程能够呈现出丰富生动的直观形象。以化学实验为例，从仪器装置到药品配制，从实验过程中复杂的物理化学变化到新物质生成，其中有形、色、态、味的变化，又有气体的生成和沉淀的析出，或有光、电、热现象。学生学习化学正是立足于对这些现象的感知和观察。

在教学中，图像是一种直观的工具，它包括板书、画图、挂图、幻灯、录像、电影、电脑等电化教学手段。

图像可把课文中所描写的景色，具体直观地表现在儿童面前，使他们获得生动的形象。如教学《燕子》一文，为了使学生感知大自然的景色，有的教师一开讲就用放大的彩色挂图，让学生仔细观察图中有哪些景物，它们的色彩、动态又怎样。那起伏的山岗，如镜的湖水，翠绿的垂柳，轻飞的燕子，清澈的泉水，让学生在视觉上感知了美的画面，为学习课文奠定了基础。

图画在数学教学中也有其特殊的价值：当不能提供事物的时候，可以用图像来代替事物，创设情境。这有助于学生学习。

一位小学三年级的学生请教一位数学专家，解答下面这道算术题：

在一个减法算式里，减数，被减数与差的和等于90，差是减数的两倍，那么差等于多少呢？

这题目中的概念太多，这位专家让孩子读了两遍，孩子还是搞不清楚。专家改用图来表达，图给孩子直观感、整体感。大家看：

$$\begin{array}{ccc} \square & \square & \triangle\triangle \\ -\triangle & -\triangle & \triangle \\ \hline \bigcirc & \triangle\triangle & \triangle\triangle \\ (图1) & (图2) & (图3) \end{array}$$

他用一个正方形表示被减数，三角形表示减数，圆形表示差。专家就引导孩子了，你看，这个差是减数的两倍，那么就说明这个圆形等于两个三角形，因为差是减数的两倍，这个学生马上受到启发，那被减数岂不是三个三角形。这个题目的答案一下子就出来了。在座的也有数学老师，你们说画图是不是解答问题的一个非常有效的策略？

专家说："看看这个图，我们再回顾一下，既然差是减数的两倍，我们能否将图1改成图2？"

孩子高兴地说："它是减法算式，干脆把图 2 改成图 3 吧，因为减数、被减数、差的和等于 90，所以，6 个三角形就等于 90 了，1 个三角形就等于 15 了，差就等于 30 了。"

可以认为，这三张图形是一种特殊语言，它给人以直观感和整体感，它比普通语言要容易把握得多。因此，美国数学家斯蒂思说："如果一个特定的问题可以被转化为一个图形，那么就整体地把握了问题，并且能创造性地思索问题的解法。"

第二种，借助动作或者活动来创设的教学情境

教师在教学中以姿势助语言，打手势，比如讲"这个孩子这么高"、"这根棍子这么长"，对人"高"和棍"长"，用手比划一下，这就是形象性。这里所强调的动作的形象性，从理科的角度来说，主要指操作，从文科的角度来说，主要指表演。

1. **操作**

教学中通过让学生操作学具，可以使许多抽象的知识变得形象直观。如一位教师在教学"平均问题应用题"时，先让学生把 4 根、5 根、7 根、8 根四堆火柴棒分成每堆"同样多"，使学生通过直观操作领悟"移多补少"的"平均思想"，然后将四堆合在一起（总数量），要求很快地平均分成四堆（总份数），每堆多少根（每份数），得到求平均问题的方法。操作的特点是通过动作完成而且比较直观，从而把动作思维和形象思维有机结合起来。

2. **表演**

表演是高一层次的形象性，因为它不仅是教学内容的外观形象，而且展现了人物的内心世界。一位教师教学《守株待兔》，很快就教完，可学生并不理解其寓意。这时教师灵机一动，扮成守株待兔者，倚在黑板下，闭目打坐，让学生来"劝"他。学生兴致倍增，纷纷劝起老师来："老师，你等不到兔子啦。""老师，再等下去你会饿死的！"老师还模仿守株待兔

者的口气和学生争辩。学生越劝说，兴致越高，就越深刻地理解了这篇寓言的意思。教学中除教师表演外，还可让学生表演，学生表演有独特的教学意义。正如苏霍姆林斯基所说："从本质上，儿童个个都是天生的艺术家。"实际上，儿童不仅具有潜在的表演天赋，而且还有着爱表演的个性特征。表演能够有效地调动并发挥儿童的积极性和创造性。语文教材中有些篇目戏剧性因素浓厚，语言的动作性强，教师要善于把它们改编成小品或课本剧，让学生走进课文，扮演课文中的人物，在"动"与"乐"中把握课文内蕴，理解人物的性格、语言、动作、神态及内心世界。

3. 活动

学生活动所产生的直观情境也有其教学意义。一位数学教师在教行程问题时，感到学生对"同时"、"不同地"、"相遇"、"相遇时间"等概念难以理解，于是他组织学生活动，通过活动帮助学生理解。他组织两队学生分别在操场两边竞走，老师哨子一吹，两队同时从两地对走。这时，老师让学生理解"同时"、"相向"的含义。要求两队碰上时停止，告诉学生这是"相遇"。然后让同学们看在相遇时谁走的路程多，让学生理解在同一时间内两队同学各走多少距离。活动后，老师在讲授这部分知识时，学生想起活动的情景，以活动中获得的感性材料为支柱，进一步分析思考，便掌握了"相遇"问题的知识。

4. 演示

演示也能创设直观情境。一位数学教师在讲授"数学归纳法"时，便是通过模型演示，引入归纳法的。一上课，教师从袋子里摸出来的第一个是红玻璃球，第二、三、四、五个均是红玻璃球，问："这个袋子里是否全是红玻璃球？"学生答："是。"继续摸，摸出一个白玻璃球，问："是否全是玻璃球？"学生相互争论，高度兴奋（少部分）："是。"再摸，摸出一个乒乓球（生大笑），教师问："是否全是球？"学生答："不一定。"教师小结："这个猜想对不对？若知道袋里的东西是有限的，则迟早可以摸完，当把袋里的东西全摸出来，当然可以得到一个肯定的结论。但当东西是无穷的时候,那又怎么办?"(静)教师又说:"如果我约定,当你这一次摸出的是红玻璃球的时候,下一次摸出的也肯定是红玻璃球,那么袋子里是否全是红玻璃球?"学生答:"是。"……这种直观有助于学生真正理解数学归纳法的实质。

第三种,借助语言创设的教学情境

语言表达的形象性能够使听者的脑中呈现出一幅幅鲜明而简洁的画面,而不是一些抽象的语义代码。如讲丰收,决不仅仅是亩产多少、增产多少,更应是高粱乐红了脸、麦穗笑弯了腰。这种将抽象形象具体化的语言,学生听起来必定是兴致盎然似三春,趣味浓郁如仲夏,犹如欣赏一幅画,观赏一幕剧。从教学艺术的角度来看,语言表达的形象性要求:

1. 朗读——声情并茂

声情并茂的朗读能把学生带到作品的艺术境界之中,使学生如临其境、如闻其声、如见其人地在头脑中浮现出教师所描绘的情景。语文教材中许多课文描写的景物亲切宜人,表达的感情细腻温馨,可谓情文并茂、文质兼美。这些课文光凭教师讲解,是不足以让儿童领略文章的奇妙之处的。只有通过声情并茂的朗读,才能使学生感受到课文中美的形象,从而撩拨学生心灵的琴弦,让他们在思想深处产生共鸣。除有表情的朗读外,声音的模拟也是形象性,而且是层次更高的形象性。比如朗读《东郭先生和狼》、《一头知识渊博的猪》、《渔夫和金鱼的故事》等寓言和童话故事,朗读的表情与声音的模拟就是一种艺术。

2. 描述——绘声绘色

教师绘声绘色的描述,也能够把抽象概念变得生动形象。例如,有一位数学教师讲"点的轨迹"时,高高举起手中的一块蓝色粉笔头,别开生面地对学生说:"我这里有一个刚从墨水瓶中爬出来的'小虫子',在保持不定点 A 距离 30 厘米处不断爬行,爬呀爬,身后留下点点墨迹。你们看,这就是'小虫子'运动的轨迹。"学生听着教师绘声绘色的描述,露出会心的微笑。在理科教学中，越是建立抽象的概念，往往越需要形象的描述与想象。

3. 比喻——贴切精彩

比喻就是用某些有类似点的事物来比拟想要说的某一事物。善用比喻，不仅使抽象的东西变得具体，化平淡为生动，而且能把难以理解的内容变得浅显易懂。有位化学教师特别善于运用比喻，从而在教学中收到了奇特的效果。例如，催化剂对于初中学生来说，是个十分难懂的概念，在教学中他使用以下比喻：一个人要隔着一条河从甲地到乙地，共有两种走法。一种是先沿着河岸到很远处过桥，路远费时（比喻反应本身会进行但速度慢）；另一种走法是在甲地坐船到乙地，路近速度快（比喻催化剂通过改变反应途径使速度加快），而化学反应使用催化剂就像人坐船从甲地到乙地，路近速度快。这里的船相当于反应的催化剂，它加快了从甲地到乙地的速度，参与了这一过程（比喻催化剂本身参与了反应），但船本身在人上船与下船后，质量和性质不变。对于负催化剂则可以反其意而用之。通过运用大家所熟知的具体形象的比喻，使原来抽象的难以理解的知识变得通俗易懂，而且把机械记忆转化为理解记忆，让学生容易理解接受，不易遗忘。

第四种，借助新旧知识和观念的关系与矛盾创设的教学情境

学生在学校里所学的不是零散、片面的知识，而是"提炼浓缩"后"易于消化"的系统、整体的知识。任何知识都是整体网络上的一个点或一个结，离开了网络，也就丧失了生存的基础。知识只有在整体联系当中才能真正被理解、被掌握，从而体现其有意义的价值。这也就是说，学生对新知识的学习是以旧知识为基础的，新知要么是在旧知的基础上引申和发展起来的，要么是在旧知的基础上增加新的内容，或由旧知重新组织或转化而成的，所以旧知是学习新知最直接最常用的认知停靠点。

美国教育心理学家奥苏伯尔的研究进一步提出，旧知是通过它的可利

用性、可辨别性、稳定性（清晰性）三个特性（统称为认知结构变量）来具体影响有意义学习的行程和效果。所谓可利用性是指，学生原有认知结构中具有用来对新知识起固定作用的旧知识，没有这种旧知识，新旧知识的相互作用（同化）就失去了落脚点，学习便只能是机械进行的。例如，学生没有"商不变性质"、"除数是整数的除法法则"等旧知识，则他们对"除数是小数的除法"这一新知识的学习便只能是机械进行的。所谓可辨别性是指，旧知识与新知识之间的可分离程度和差异程度，只有当新旧知识能够清晰地分辨时，学生才可能进行有意义的学习。例如，只有当学生清晰地意识到"除数是小数的除法"与"除数是整数的除法"两者之间的相异时，他们对"除数是小数的除法"的学习才是有意义的，否则就会导致学习上的负迁移，从而产生机械学习。所谓稳定性和清晰性是指，原有起固定作用的旧知本身的牢固度和清晰度。稳定性为学习新知提供同化的固定点，清晰性则为学习新知提供同化的方位点。显然，如果学生对"除数是整数的除法"这一旧知的掌握是模糊和不牢固的，那么对"除数是小数的除法"这一新知的学习就不可能是有意义的、顺利的。

具体来说，在讲解除数是小数的除法时，首先复习商不变的性质和被除数是小数而除数是整数的小数除法，出示 $37.5 \div 15 = 2.5$，说一说你是怎样计算的？让学生充分说出算理，再出题：$3.75 \div 1.5 = ?$ $375 \div 150 = ?$ 被除数和除数发生了怎样的变化，商是几？学生根据商不变的性质（被除数和除数同时扩大或缩小相同的倍数，商不变），确定答案还是2.5。学生这样想，正是我们要教的方法，揭示出除数是小数的除法的运算方法。这时教师再引导正确的竖式计算方法与格式，进一步深化算理，学生就掌握了计算方法。教师根据知识的内在联系，利用知识的迁移，创设情境，让学生自己探索出计算方法，学生乐学、会学，真正成为学习的主体。

第五种，借助"背景"创设的教学情境

所谓背景知识是指与教材课文内容相关联的知识的总称。背景知识与

新知的关系不如旧知与新知的关系那么密切、直接，它们之间没有必然的逻辑联系，但背景知识同样是学生学习和理解课文的一个重要的认知停靠点。没有必要的背景知识，阅读思考往往是无法进行的。背景知识越丰富，阅读理解水平就越高。

课堂教学的背景知识主要包括：

1. 作者介绍

俗语说得好，文如其人，对人（作者）的介绍必定有助于促进对文（作品）的理解。因为作者要"想写出雄伟的风格，他也就要有雄伟的人格"（歌德语）。所以"作者介绍"最重要的一点，便是让学生了解作者的人格，从而更好地观照、鉴赏作品的风格。这样不仅有助于促进学生的有意义学习，而且有助于对学生进行品德教育。

2. 时代背景

二是时代背景，曾经有个语文老师讲，他教的 50 年代的一篇课文，他一直教到 80 年代，后来教到 90 年代初。以前教这篇课文的时候，他自己感到很感动，学生也很感动，经常课文上完，都是会掉眼泪的。可是，他们越上到后面，越觉得大家反应冷淡，甚至越来越麻木，他就很纳闷，怎么现在的学生都是铁石心肠。后来有一个专家问他说，那你现在呢？他说自己现在也不感动了，那自己都不会感动了，你想想，还怎么可以感动学生呢。就是时代背景太远了，现在学 50 年代的一篇课文，让小孩子学文革期间的作品，是很难理解的。因为什么？他缺乏背景知识。虽然背景跟这篇课文并没有完全、直接的关系，但是，没有这种背景就很难深入理解文本、"走进"文本中，与作者感同身受。

3. 历史典故

课堂教学中恰当地引入那些趣味横生的文学掌故、数学史趣闻、科学家轶事等，对促进学生的有意义学习是很有益处的。一位小学语文教师在教学古诗《草》时，便是通过一则文学故事导入新课的。一上课，教师对学生说："今天我们要学习一首古诗，老师先给同学们讲讲这首诗的作者白居易的故事。"教师边板书诗作者"白居易"边娓娓道来。白居易是我国唐朝人,他出身贫寒,但从小热爱学习,特别喜欢写诗。16岁那年,白居易离开家乡到京都长安后,仍不断写诗。为提高写诗的水平,他到处求名师指点。有一次,他去拜访当时的老诗人顾况。顾况是个爱开玩笑的人,当他得知眼前这个年轻人叫白居易时,又想开玩笑了。他说:"唉呀!你这个名字可起得不妙啊。"顾况摸着胡须道:"你的名字叫居易。现在长安城里米价昂贵,租屋困难,要想在这里住下来,可不太容易啊。"白居易听了这句话,想起自己到长安后经常缺衣少食,四处借债的情景,不禁深有感触地说:"您说得好,在京都居住可真不容易啊!"顾况见眼前的年轻人谦虚好学,就说:"好吧,把你写的诗念给我听听。"白居易开始读诗了。(放录音《草》朗诵)白居易刚读完,顾况便连声赞道:"好诗好诗,你能写出这样的好诗,前程无量。居易这名字取得真好哇!"白居易不解地问:"老先生,刚才您还说我的名字取得不妙,现在又说我的名字取得好,这不是自相矛盾了吗?"顾况笑着说:"刚才不知道你会写诗,所以才说你居住长安不容易,名字取得不妙。现在看你能写出这么好的诗,所以说你居住长安很容易,名字起得真好。"说完就热情地指点起来。从那以后,白居易更加勤奋起来,终于成为我国唐朝三大诗人之一(其他两位是李白和杜甫)。故事讲完后,教师接着说:"下面我们就来学这首诗,看看白居易写的诗到底好在哪里。"教师开始讲解新课,学生兴趣盎然地投入新课的学习。这则故事巧妙地介绍了诗人及创作诗的时代背景,既自然地揭示了本课教学内容,使学生对新课大意有初步的感知,又缩小了时空差,解决了学习古诗由于年代相隔久远而无法产生共鸣的大障碍,让学生轻松、愉快地进入诗人创设的意境。

第六种,借助问题创设的教学情境

教学情境有多种类型、形式,其中特别要强调的是问题情境和问题意识。问题是科学研究的出发点,是开启任何一门科学的钥匙。没有问题就不会有解释问题和解决问题的思想、方法和知识，所以说，问题是思想方法、知识积累和发展的逻辑力量，是生长新思想、新方法、新知识的种子。学生学习同样必须重视问题的作用。现代教学论研究指出，从本质上讲，感知不是学习产生的根本原因（尽管学生学习是需要感知的），产生学习的根本原因是问题。没有问题也就难以诱发和激起求知欲，没有问题、感觉不到问题的存在，学生也就不会去深入思考，那么学习也就只能是表层和形式的。所以，新课程学习方式特别强调问题在学习活动中的重要性。一方面强调通过问题来进行学习，把问题看作是学习的动力、起点和贯穿学习过程的主线；另一方面通过学习来生成问题，把学习过程看成是发现问题、提出问题、分析问题和解决问题的过程。这里需要特别强调的是问题意识的形成和培养。问题意识是指问题成为学生感知和思维的对象，从而在学生心里造成一种悬而未决但又必须解决的求知状态。问题意识会激发学生强烈的学习愿望，从而使学生注意力高度集中，积极主动地投入学习。问题意识还可以激发学生勇于探索、创造和追求真理的科学精神。没有强烈的问题意识，就不可能激发学生认识的冲动性和思维的活跃性，更不可能激发学生的求异思维和创造思维。总之，问题意识是学生进行学习的重要心理因素。

案例：围绕问题展开教学："嗟来之食"①

在课堂上，全班学生几乎每个人都提出了一个自己的问题，如有的学生提出："为什么会发生饥荒？""为什么饿汉那么穷，财主却那么有钱有物？""饿汉为什么说他情愿饿死，也不吃财主给他的食物？"等等。在这些问题中，大部分同学都选择了第三题进行讨论。

在讨论中，学生探讨了多种可能性。有一个学生回答："因为他很有骨气，很有尊严。"教师非常敏锐地抓住这个机会，利用学生的话进行引导："对！他很有骨气，很有尊严。可是他已经快要饿死了，

---

① 引自：《中小学管理》，2002年第5期，第10页。

你赞成他这样做吗?"新的问题立即又使学生的认识产生了分化。有的学生明确赞成,有的学生强烈反对。在他们分别阐述了自己的理由之后,教师又引导学生提出了一个与此关联、又蕴涵哲学意味的问题,即"生命和尊严到底哪一个更重要"?

在激烈的辩论中,有的学生认为生命比尊严更重要,"因为没有生命就什么也没有了";有的学生觉得,尊严比生命更重要,"因为没有尊严会被人看不起";还有的学生语出惊人,说生命和尊严同样重要,"因为没有生命就没有尊严,而没有尊严生命就没有意义。生命和尊严的关系就像一个人的手心和手背一样"……

上述概括并没有穷尽教学情境的外延。总之,教学情境是多种多样、丰富多彩的,因而对其也就有多种的解读和定义,如乔纳森在《学习环境的理论基础》一书中,对情境做过这样的描述:"情境是利用一个熟悉的参考物,帮助学习者将一个要探究的概念与熟悉的经验联系起来,引导他们利用这些经验来解释、说明,形成自己的科学知识。"荷兰数学教育家弗赖登塔尔在《数学教育再探》一书中也提出关于情境的理论,他认为情境可以是以下几种:场所(即一个有意义的情境的堆积);故事(即它可以是一个真实的故事,也可以是一个经典或虚构的特别例子);设计(即被创造的现实);主题(即一个与现实带有多种联系的数学定向的分科分支);剪辑(即从各种印刷品上发现大量数学的人们遇到的麻烦)。[①] 对于我们来说,重要的是抓住教学情境的实质和功能:促进学生的有意义学习!

[①] 引自贲友林、张齐华:《少些"追风",多些思辨》,《人民教育》2006年第8期。

在新课程实施过程中,很多教师都注重通过"情境"吸引学生,激发他们的求知欲,提供攀爬的支架,课堂因此有了生气,有了效率,但是,有的教师只把它当作点缀,还有一些教师却因此迷失了教学的方向。

当前教学情境创设存在哪些误区

在新课程实施过程中,很多教师都注重通过"情境"吸引学生,激发他们的求知欲,提供攀爬的支架,课堂因此有了生气,有了效率,但是,有的教师只把它当作点缀,还有一些教师却因此迷失了教学的方向。

1. 形式化的情境

教师创设的教学情境与课程的内容没有实质性的联系,是在课程内容(糖果)上人为裹上一层糖衣,学生可能只是被花花绿绿的糖衣所迷惑,对五颜六色的糖衣感到兴趣,至于自己吞下去的糖果是什么,他却全然不知。这种情境与教学内容并没有任何内在的实质性的联系,只是外加的一顶"高帽子"。

2. 假问题的情境

所谓假问题是指没有思考价值的问题或不能引发学生思考的问题。
如案例:《梯形面积的计算》一课中"推导公式"的教学片段(吴烈)

师:我们可以把梯形转化成什么图形来探索它的面积计算公式?

生：已学的图形。

师：请拿出两个完全一样的梯形拼一拼，你发现了什么？

（学生操作发现拼成了平行四边形，合作讨论梯形与拼成的平行四边形之间的联系）

学生在日常生活中对拼图已具有丰富的经验，在平行四边形、三角形面积计算公式的推导中，也具有了推导面积公式的基础，但这不是全面、系统的，而是零碎的。教学中，教师示意让学生拿出"两个完全一样的梯形来拼"，学生也就顺利地探索出了结果，整个教学过程比较顺利。但这是真的探索吗？"用两个完全一样的梯形来拼"好像是理所当然的，因为教材就是这样安排的。但怎么一开始就知道要"用两个完全一样的梯形来拼成一个平行四边形"呢？这是怎么想到的？学生不知。这也就在他们的认知上存在了一片空白，我们的探究也就成了一个空壳，有形而无实。看起来是问题，却没有激发学生思维的功能。

3. 缺乏真情的情境

情境不仅包含场景，而且内含情感。任何情境如果没有教师的感情投入，都会失去其教学功能。有些情境从认知层面看是到位的，是有价值的，但是教师却以一种机械的方式来展示它，结果正如苏联教学论专家斯卡特金所指出的："我们建立了很合理的、很有逻辑性的教学过程，但它给积极情感的食粮很少，因而引起了很多学生的苦恼、恐惧和别的消极感受，阻止他们全力以赴地去学习。"当然，我们强调的是真实的情感，而不是虚假的情感。

如：一位教师上《董存瑞舍身炸暗堡》一文时，为了活跃气氛，问学生："你们最崇拜谁？"学生纷纷举起了手。有的说崇拜球星罗纳尔多，有的说崇拜影星赵薇，有的说崇拜棋圣聂卫平……学生交流结束后，老师反问学生："你们猜，我最崇拜谁？"话音刚落，学生们异口同声地说："老师崇拜董存瑞。"一听到这么整齐的回答，在多媒体教室坐着的近百名听课教师顿时爆发出一阵哄笑。

4. "猜谜式"的情境（偏离教学的情境）

教学情境顾名思义就是指向教学的情境，促进学生学习的情境。有些教师创设情境却是兜圈子、猜谜语，让学生不知所云，反倒影响和干扰学生的学习。

如：有位教师上《乡愁》，设计了一个提问导语，目的是想让学生说出课题来。于是他叫起一个学生，启发道："如果有个人到了一个遥远的地方，时间一长，他开始想念自己的亲人，这叫做什么？"

学生答道："多情。"

"可能是我问得不对，也可能是你理解有误。好，我换个角度再问：这个人待在外乡的时间相当长，长夜里他只要看见月亮就会想起自己的家乡，这叫做什么？"教师又问道。

"月是故乡明。"学生很干脆地答道。

"不该这样回答。"教师有点急了。

"举头望明月，低头思故乡。"学生回答的语气显然不太自信了。他抬头一看，教师已是满脸阴云，连忙换了答案："月亮走我也走。"

"我只要求你用两个字回答，而且不能带'月'字。"教师继续启发道。

"深情。"学生嗫嚅道。

好在此时下面有同学接口："叫作'乡愁'。"教师才如释重负。

5. "电灌"的情境

利用多媒体课件创设情境已经为广大教师所普遍采纳，多媒体情境有其特有的优势，但是在实践应用中也出现了负面效应，我们通过"圆柱的认识"教学案例分析如下：

内容	教例 A	教例 B
导入	1. 复习以前学过的立体图形。长方体和正方体都是由平面围成的立体图形。（课件演示） 2. 今天我们学习一种由平面和曲面围成的立体图形，揭示课题"圆柱的认识"。	1. 老师出示一个圆柱形的物体，问："你们见过这样的物体吗？请说说你对它了解多少。" 2. 在学生回答后，再问："你们还想知道有关它的知识吗？"揭示课题。
认识圆柱各部分的名称	1. 让学生观看课件，逐步演示圆柱的底面、高和侧面。 2. 学生再操作学具，实际感受。	1. 让学生先看书，然后指名让学生介绍通过看书了解了圆柱的哪些知识，有什么不懂的。 2. 老师在大屏幕上出示问题：圆柱的高有多少条？它们有什么关系？在学生充分讨论的基础上，用课件演示圆柱的特性。
研究圆柱的侧面展开图	用课件演示圆柱侧面展开的动画，引导学生得出其中蕴涵的规律。	1. 老师先出示以下问题：①圆柱的侧面展开是个什么图形（学生说可能是平行四边形，长方形和正方形，还有可能是不规则图形）？你能够用实验给大家说明吗？而且你从中发现了什么？②请你剪下教科书第 153 页的图样，先量出长方形的长和宽的长度，再把它们做成一个圆柱，然后量出圆柱的直径和高的长度，你能否用这些数据来验证刚才得出的规律？ 2. 用课件演示圆柱的侧面展开的动画，强化学生的空间想象力。

在教例 A 中，多媒体课件的演示虽然有助于学生对圆柱的形象认识，事实上也提高了课堂教学的效率，但是，整个学习过程中，学生只是被动

地参与，思维活动明显受到了多媒体课件的束缚，学生的探究意识也被扼杀了，这也就是所谓的"电灌"。在教例B中，多媒体课件仅仅是作为一个现代化的教具，在一些学生难以理解的地方才用多媒体演示，而不是从头放到尾，整个学习过程充满着观察、操作、猜测、实验、推断、交流、反思等探索性活动，这样才能正确发挥多媒体的作用（黄利锋）。

要确立情境为教学服务的观念，它是为有效教学、优质教学服务的。这样的一个理念如果已经牢固地在头脑里面树立，在实践当中，可能就会少很多这种形式化、低效化、没有意义的情境。

如何创设有价值的教学情境

教学情境是课堂教学的基本要素，创设教学情境也是教师的一项常规教学工作，创设有价值的教学情境则是教学改革的重要追求。有价值的教学情境要体现以下几个特征：

1. 基于生活。强调情境创设的生活性，其实质是要解决生活世界与科学世界的关系，新课程呼唤科学世界向生活世界的回归。为此，创设教学情境，第一要注重联系学生的现实生活，在学生鲜活的日常生活环境中发现、挖掘学习情境的资源。其中的问题应当是学生日常生活中经常会遇到的一些问题，只有在生活化的学习情境中，学生才能切实弄明白知识的价值。第二要挖掘和利用学生的经验。陶行知先生有过一个精辟的比喻："接知如接枝。"他说："我们要有自己的经验做根，以这经验所发生的知识做枝，然后别人的知识方才可以接得上去，别人的知识方才成为我们知识的一个有机部分。"任何有效的教学都始于对学生已有经验的充分挖掘和利用。学生的经验包括认知经验和生活经验。美国著名的教育心理学家奥苏伯尔有一段经典的论述："假如让我把全部教育心理学仅仅归纳为一条原理的话，那么，我将一言以蔽之：影响学习的唯一最重要的因素就是学生已经知道了什么，要探明这一点，并应据此进行教学。"可以说，这段话道出了"学生原有的知识和经验是教学活动的起点"这样一个教学理念。

2. 注重形象性。强调情境创设的形象性，其实质是要解决形象思维与抽象思维、感性认识与理性认识的关系。为此，我们所创设的教学情境，首先，应该是感性的、可见的、摸得着的，它能有效地丰富学生的感性认识，并促进感性认识向理性认识的转化。其次，应该是形象的、具体的，它能有效地刺激和激发学生的想象和联想，使学生能够超越个人狭隘的经验范围和时间、空间的限制，既能使学生获得更多的知识、掌握更多的事物，又能促进学生形象思维与抽象思维的互动发展。

3. 体现学科特点。情境创设要体现学科特色，紧扣教学内容，凸现学习重点，当然，教学情境应是能够体现学科知识发现的过程、应用的条件以及学科知识在生活中的意义与价值的一个事物或场景。只有这样的情境才能有效地阐明学科知识在实际生活中的价值，帮助学生准确理解学科知识的内涵，激发他们学习的动力和热情。学科性是教学情境的本质属性。例如，在教学"平均分"时，我们可以创设一个"春游"的现实情境，让学生准备及分发各种食品和水果，但教学重点应该尽快落到"总数是多少"、"怎么分的"、"分成几份，每份是多少"、"还有没有多余的"、"不同食物的分法有什么共同的特点"等数学问题上来，而不是把大量时间花在讨论"春游应该准备什么食物和水果"、"春游应该注意什么"等与数学内容无关的生活问题上。① 强调学科性，还意味着要挖掘学科自身的魅力，利用学科自身的内容和特征来生发情境，如利用数学的严密性、抽象性来创设数学教学情境，利用语文的人文性、言语性创设语文教学情境。

4. 内含问题。有价值的教学情境一定是内含问题的情境，它能有效地引发学生的思考。情境中的问题要具备目的性、适应性和新颖性。目的

---

① 丁国忠：《让情境拥有"数学"的脊梁》，《人民教育》2006年第8期。

性指问题是根据一定的教学目标而提出来的，目标是设问的方向、依据，也是问题的价值所在。适应性指问题的难易程度要适合全班同学的实际水平，以保证大多数学生在课堂上都处于思维状态。新异性指问题的设计和表述具有新颖性、奇特性和生动性，以使问题有真正吸引学生的力量。这样的问题才会成为感知的思维的对象，从而在学生心里造成一种悬而未决但又必须解决的求知状态，实际上也就是使学生产生问题意识。

5. 融入情感。情感性指教学情境具有激发学生学习动力的功效。第斯多惠说得好："我们认为，教学的艺术不在于传授的本领，而在于激励、唤醒、鼓舞"，而没有兴奋的情绪怎么能激励人，没有主动性怎么能唤醒沉睡的人，没有生气勃勃的精神怎么能鼓舞人呢？赞科夫也强调指出："教学法一旦能触及学生的情绪和意志领域，触及学生的精神需要，这种教学法就能发挥高度有效的作用。"有一次，一位语文教师教《凡卡》一文时，讲到凡卡给爷爷投出求助信后，满怀希望地进入了幸福的美梦之中，然而这位天真的孩子却不知爷爷是收不到这封信的，因为他连地址也没写上。即使收到了，这位穷苦的守夜人也不可能让凡卡跳出火坑。对于这位九岁的孩子来说，属于他的幸福只有在梦中！讲到这儿，这位教师再也控制不了自己了，眼泪涌了出来，甚至无法讲下去，全班学生竟然在寂静中坐了很久，连平时管不住自己的学生，也在这无意创设的情境中被无声的语言"管住了"。教师入境入情，打动了学生，起到了见作者之所见，思作者之所思，与作者的情感产生心灵共鸣的作用。

附录：

（下面是老师们听完报告后与余教授的互动。）

刚才介绍了教学情境的价值意义和主要类型，下面，我想请各位老师结合自己的教学实践，就这个话题展开一些交流和讨论，谢谢大家。

哪位老师先来——

[老师1]

余老师，您好！

我想谈一下我教学中的一个案例。因为当时是初一的教材，我记得不太清楚，但是当时这节课，学生的热情特别高涨。

在讲《论语》的时候，我想着怎样引入《论语》，因为学生们对《论语》也不是很熟悉。当时正好有一则广告，我不知道大家记不记得，就是"看到家人团聚不亦乐乎，看到爷爷不亦乐乎"。然后我上课了，就跟学生说，现在有一则广告，"看到家人团聚不亦乐乎"，学生们就开始跟着我说，"看到家人团聚不亦乐乎"。我觉得挺好，看来这个广告他们都是看过的，就问："不亦乐乎"是什么意思呢？有学生就能够联系当时广告的情景想到应该是"高兴"的意思。我说大概是这个意思，这句话出自哪里你们知道吗？孩子们就开始疑惑了，这儿看看那儿看看，不知道是出自哪里。我就顺势引到《论语》这一课上。

这节课就这样导入。学生一下子就跟我进入了这个课堂情境，然后打开课本，很顺利、很自然地诵读"学而时习之，不亦乐乎……"

谢谢！

余文森：非常感谢，非常简洁的几句话也可以作为一个情境导入。

[老师2]

余教授，您好！

我刚才听了您第五点的介绍，提到了作者介绍、时代背景，还有历史典故，我想结合我的教学实践，应该再加上生活常识，这样可能更好一点。因为我上过一堂物理课,讲"时间×速度=路程",很简单的一个问题。但考试的时候学生都不会,就因为题上并没有直接给"速度",就画了一段高速路,有一个表示时间的速度标志,结果学生都不认识,本来很简单的题目都没有得分。我是英语教师,西方国家非常重视学生的"生活常识"教育,所以我觉得要加上一个"生活常识"的情境。

余文森:非常感谢!你教英语,可能还有一些文化背景。谢谢!

[老师3]

余教授,听了您刚才的讲座,有一个特别深的感触,如今,我们的课堂教学引进了多媒体技术。多媒体教学设备的介入,增大了我们的课堂容量,同时也为刚才您介绍的这些情境的创设提供了一个"多种方式融合"的前景,或者说给我们提供了这样一个条件。我认为多媒体的介入会给情境创设带来极大的便利。

余文森:对!多媒体带来便利的同时,也要注意它的负面影响。

[老师4]

余教授,您好!

您的课,对我的教学很有启发。我是教数学的,数学课跟语文课在创设上不太一样,比较困难。您觉得是不是咱们数学上的每一个定理或者公式,在预设过程中都要把它的形成过程给学生说得比较详细?我还是有点困惑的,希望您解释一下。

余文森:我想这可能跟数学老师掌握的数学家的故事的多少有关系,另外还是要根据教学的需要而定。

[老师5]

余教授,您好!

刚才听了您的讲座,我想起来咱们前面讲的专题,就是预设和生成，我有一个想法、一个困惑，就是说创设情境最终还都是教师的预设，怎样站在生成的角度、让学生参与情境创设，我认为这个问题应该有点讨论的价值。谢谢！

余文森：好，谢谢。

[老师6]

我现在有点刹不住车了，老想说。去年电视里有一个广告，是关于欧莱雅的，最后一句广告词不知道大家记不记得，就是"你值得拥有"。我就是受这个广告的启发，创设了议论文的一个情境。因为是新课程，我们初二就开始讲议论文了。一开学就讲，是第一篇。学生在这之前接触的都是记叙文，议论文我也很发怵，我就想找一个简单的切入点，让学生明白什么叫"议论文"，它的作用是什么。我当时引用了这个例子。在讲课之前，就让他们看这个广告，那个时候北京台总是播，轮番播，一天播很多次，他们就看了，然后我就是这样开始讲议论文的。

余文森：老师有这样的意识，生活当中随时随处都可以搜集到相关的案例、背景。好，我们对这些问题梳理一下。我先感谢大家，我感到自己确实起了一个抛砖引玉的作用。我想，对这几个情境的概括还需要进一步充实和丰富，大家刚才谈了很多具体的案例，我觉得非常有意义。刚才一个老师提出了一个比较重要的问题，就是说我们介绍了这么多情境，在实践当中我们怎样创设有价值、有效的情境。

我现在希望把这个问题，踢回给我们在座的老师。我们一起来思索：我们怎么判断，或者怎样思考，什么样的情境是有价值、有效的，是值得我们花心思的？如果不值得我们花心思，我们就进入专题：今天学习哪一篇、哪一课——我们就让学生直接把"盐"吃进去了。有的汤可能比盐还难吃，是不是？

我想我们能否一起来思考、反思一下：什么样的情境，是有价值的？

我想要每一节课、每个片段，都有这种生动、直观、精彩的情境，可能任何一个老师都做不到，但是如果我们有了这样直观、精彩的背景，确实非常有价值，也是值得我们去花一点心思的。我们能不能围绕这个问题，做进一步的交流，刚才提问的老师自己先做一下反思。

[老师7]

我认为有价值、有效的情境，可能有两条比较直接的标准：一条应该是简易低耗。可能是老师们可以随手拿来、随处看到、立刻就能够用起来的，比如刚才老师提出的《眼睛》情境的创设，还有前边老师说利用广告创设，还有你介绍的用语言来创设等等。这是第一条标准。第二条标准应该是直观而有意义。就是能够促进学生的学习，或者能很快把学生带到那个情境当中去。

我奉献一个案例，就是在2006年5月"'海峡两岸'小学语文学术交流会"上，台湾王家珍老师的一节课的情境创设。我认为她的情境创设，真正做到了简单而不单调。

刚才有老师说到了多媒体的应用，王家珍老师在这堂课上除了用麦克风外，没有用其他多媒体。她的黑板条是纸质的，她把要说的内容抄在纸上，然后贴在黑板上，这个我们的老师经常在用。但是王家珍的黑板条有非常特殊的文化底蕴在里面，怎么说呢？两点：一是她的黑板条是用毛笔字书写的；二是她的黑板条还用古典的花边装饰，并且塑封起来，非常古朴。我觉得她这个纸制贴条是简单而不单调，是丰富的，有文化品位的。

我觉得她这个黑板条的内容所创设的情境，是非常简单的，可能是随手、随时、随处都可以拿来的，但是又能很好地引导学生进入学习的状态。

谢谢！

余文森：谢谢！

[老师8]

余老师，您好！

我个人认为，不管哪一门学科，要创设的情境，首先应该是孩子们能感兴趣、能接受的，离他的现实生活非常近的，就像咱们老师说广告词，为什么孩子们能跟老师说下去，因为他们每天都在看，甚至比较喜欢。另外从我自身来讲，因为我是教英语的，我们学习介绍别人和自我介绍的时候，还有介绍别人的兴趣、爱好这样话题的时候，我就让学生去找他们喜欢的明星。学生们说起周杰伦，还有的说起"超级女声"，有一个学生说："老师，我是'超女'的'超级粉丝'！"那两天的课上得特别活跃，特别有意思。我觉得的确是不管哪一门学科，在创设情境的时候，老师还是先了解一下学生的心理比较好。谢谢！

余文森：非常感谢，非常精彩的案例。刚才的两个案例非常有意思，也引发了我们很多思考。我想，这里讲的"情境"毕竟有两个维度：一个"情"，一个"境"。这个"情"，我前面谈过，如果老师自己不被感动，想要感动别人是很难的，但这只是一个方面；另一个方面还确实必须考虑到学生的背景，学生的生活、思想、认知的状况等等。

我突然想起来，我曾经听的一节课讲邓奶奶（邓颖超）、周总理的，这篇课文里面提到"邓奶奶"。我跟我的搭档两个人去听课，课文讲完以后，我的搭档很好奇，就叫了几个孩子来问："'邓奶奶'是谁？"

孩子们回答："'邓奶奶'是周总理的奶奶。"

孩子们看看我们表情不对，改口说："'邓奶奶'是周总理的妈妈。"

孩子们看我们表情越来越不对劲，就不知所措了。后来有一个孩子更没有底气了，他说："是不是周总理的老婆？"

我为什么讲这个话题，你想想看，他们连最起码的背景知识都不知道的话，这篇课文到底学了什么东西进去？我们的老师可能会说"邓颖超"还用介绍？"邓奶奶"还要介绍？可是现在孩子生活的时代跟我们不一样。

孩子一进来看怎么搞的——今天开追悼会？如果你的教学非常充分地挖掘这些——他的生活背景、他的人生经历以及他感兴趣的东西，课堂里面就一定有谈不完的话题。刚才的讨论，我自己也觉得很受启发。

因为刚才有位老师特别提到了，包括我今天前面所讲的，我确实主要是从教师一方来创设情境的，而且我强调情境的创设，应该贯穿课堂教学全过程，但是我讲的着重点还是放在新课导入的时候。我这样讲课肯定有局限性，讲的情境，或者情境的创设是不全面的。刚才，老师们做了很多思考，大家很快就发现，教学不仅要考虑老师的预设，还要考虑到学生，学生自学完以后，他想进一步要了解的，这是学生的期待——我们可以看成是对课堂的一种预设——情境也是一样的。有的情境可能就是直来直去的，今天学哪一篇课文，教与学的时候可能会有相关的想象，可能会联想到相关的事物，那个就会成为课堂教学当中生发出来的情境，这也是一种情境创设。

刚才有位老师提到有价值的情境的几个要点，老师们又相互补充，我也觉得老师们讲的几个方面很好。我想进一步梳理一下：一个就是要简易低耗，简单才容易被接受，我想把它作为第一条原则。如果很繁琐，虽然是老师精心设计的，但学生不买账，也就没有效果了。我们第一专题讲的有效性，是要讲成本的，情境创设也要讲成本，肯定要结合学校的实际情况，结合老师个人的实际情况，结合学生的实际情况来创设。

当然，有价值、有意义的情境创设，是要花费很多时间和精力的，就像我们刚才讲的"摸球"的情境，这个数学老师，是动了很多脑筋的。他自己也很想对数学归纳法进行形象的把握，他可能就做了很多思考。这个思考是有价值的。

我们说，什么事情都不能绝对化。一般来说，我们当然要求简易低耗的。但是有的时候——特别是对学生思维发展有好处的时候，或者学生真的很难理解的时候——老师也要花一点工夫，必要的时候也要用多媒体，因为多媒体毕竟有声音、有形象，甚至有影像背景，它毕竟有它的长处的。多花一点时间还是值得的，但是总体上讲，是简易、简单、有效才好。

第二个就是说不管你是低成本，或者有的时候也需要高成本投入而创设的情境，我想落脚点应该是能够把学生尽快地引到对课文的学习中来，引到对知识的学习上来，引到对知识的思考上来，这是最本质的。情境创设不能分散了学生的学习注意力，只对情境本身感兴趣了，比如说今天学平均数，几个饼或者其他什么东西，学生对饼感兴趣了，对你提供的这些道具感兴趣了，而不是对其中蕴涵的数学问题感兴趣了，那就得不偿失了。我们要分清主次，要联系生活，联系生活的目的是要把知识搞清楚，生活在这里毕竟只是一个平台，或者说是一个跳板，我们的目的还是真正地理解、掌握数学。其他学科也是一样的。

所以要确立情境为教学服务的观念，它是为有效教学、优质教学服务的。这样的一个理念如果已经牢固地树立在头脑里面，在实践当中，可能就会少很多形式化、低效化、没有意义的情境。

第三个，我觉得要考虑学生的特点。比如说我们讲那个时代背景，说老实话，现在这个老师如果上《十里长街送总理》就未必有你原来那个时代的效果了。我们要考虑这个时代有这个时代的特点、思想实际，那个时代对领袖人物、对总理是一种近乎对神的崇拜，对不对？一听到他去世我们自己都呆了！现在的小孩子有没有这种心理？我们要考虑我们这个时代，我们的孩子他的思想世界，他的实际情况。

刚才谈到多媒体。多媒体也是非常重要的，展示有些过程，特别是理科的一些实验，如化学反应的一些变化等，用多媒体是非常有效果的。但是情境的创设过程中，如果过多地运用多媒体，往往会产生一些负面的影响，因为它会代替学生的思维，代替学生的想象。你展示得很清楚了，学生不要想象，不要思维就可以掌握知识了。就像我们前面提到过的，多媒体会把你所有的东西清晰化、形象化，可能就会代替我们脑子自身的想象和思维，这可能会得不偿失。

有的时候，我们需要学生激发他自己的想象，他脑子里面要产生自己的画面，不一定我们给他提供固定的画面，他自己要模拟经历这个过程，而不是我们展示给他看。你展示的他肯定看得清楚，他肯定学得容易，这个是肯定的，但是也会带来负面的影响，这也是在我们的情境创设过程当中，应该思考的。

刚才老师提到怎样创设有价值的情境，我觉得应该从以下几个维度来思考：

首先，要注重跟生活的联系，这个生活包括儿童的真实的生活，是指这个时代富有时代意义的生活，有时代感的生活，符合儿童实际的生活。这个生活是广义的。

第二，刚才有老师也讲了，要直观形象，有助于学生对课文的理解和思考。

第三，大家刚才谈得相对少一点，就是问题和问题意识。这次课程改革，特别强调问题意识，比如数学课程标准很明确地提出，要从问题情境入手。这是数学学科的特点，强调数学问题情境，所以有的数学老师就说，你们谈的情境究竟指什么，我们数学就是很直截了当的，就是强调问题情境，就是不管你创设什么样的情境，都必须有数学问题在里头。

第四点就是体现你的学科特点、学科特色。不同的学科对情境创设有不同的要求，情境创设要符合学科特点，带着浓厚的学科特色。

非常感谢大家积极的参与、精彩的发言。谢谢大家！

第五讲 教学关系

各位老师,今天我们一起学习、讨论教学关系的问题。

教师与学生、教与学是贯穿整个教学过程中最基本的关系,也是最重要的关系。教学,就是教师跟学生、教跟学。把师生关系恢复到人的关系上来,有的老师就质问:"以前难道老师和学生就不是人的关系?"我们不是这个意思,以前的"师生关系"被很多东西,如分数啊、考试啊等等异化了。我们要把师生关系恢复到人与人的关系上来,建立共同发展的、以对话为特征的教跟学的关系。这是新课程教学改革的重要方向和基本任务。

这个专题包括四个问题:第一个问题主要是我们怎么进一步了解和认识我们的学生——学生有哪些特点?这是跟我们的教育教学有非常重要关系的一个问题;

第二个问题就是教师的态度是如何影响学生的成长的;

第三个问题是如何建立师生共同发展的教学关系;

第四个问题是为什么要提倡和强调对话。

我们从事教育教学工作，我们工作的对象是学生，学生是我们工作的起点，也是我们整个工作的落脚点，所以我们要从认识学生开始。

学生究竟具有哪些特性

我们从事教育教学工作，我们工作的对象是学生，学生是我们工作的起点，也是我们整个工作的落脚点，所以我们要从认识学生开始。认识学生、确立正确的学生观，是我们从事教育教学工作、提高教育教学工作有效性的根本前提。另外一个前提就是深入了解你教的学科了，你教数学，你必须对数学了解得很深、很透。

我们前面讲的更多的是学科的、教学的东西，这个专题我们专门来谈教和学、教师和学生的关系。

我们先从了解和认识学生开始。现代教育心理学研究表明，学生具有两种特性。这两种特性对于我们的教育教学工作至关重要，当然学生还有别的很多特性，但是我们要从我们的教育教学出发来谈学生的特性。

著名教学论专家江山野先生认为，学生具备两个非常重要的特性：第一个是"向师性"；第二个是独特性。我们先谈"向师性"，这个"向师性"讲的是学生从幼儿园到高中，再到大学，甚至到研究生、博士生阶段，都有趋向教师、接近教师，甚至模仿教师的心理倾向，所以有人说学生就像花草树木趋向于阳光那样趋向于教师。

"向师性"是学生的本质属性，它表现在：

第一，凡是学生都具有一种学生感——我是学生，我要学习，我要听老师的教导。我们知道"存在决定意识",是学生都会有这种心理属性,这是很普遍的,但又是非常神奇的一种特性。我们可以设想一下,如果学生没有"学生感",我们的教育教学工作从何做起?有的老师也许会质疑,说:"我看未必。我班上有的同学上课就不认真听讲,甚至打瞌睡、搞小动作、讲话。"其实这依然说明他有学生感,如果没有学生感,他在课堂上就不是搞"小动作",他要来"大动作";他就不是悄悄地、甚至偷偷地打瞌睡,而是横七竖八地躺在那里睡;他就不是说悄悄话,而是大喊大叫了。这是非常重要、非常神奇的心理属性。正如我们作为一个普通的公民要有"公民感",我们在单位里面作为一个职工有"下属感"一样,这是非常重要的心理属性。学生的这种心理特性——学生感,是我们教育教学的非常重要的前提和保证。

而且一般来说,学生也会在各方面看重老师,会把老师想象得更完美,总觉得我的老师即使不是某个领域的专家,至少在这个方面也是有学问的;我的老师不是神,但是至少品质还是蛮高尚的。学生心里的这种期待跟他的学生感非常巧妙地结合在一起了。当然,如果经过几年以后,学生发现这个老师不是他想象的那样,那么他的学生感可能就会慢慢地消失。

学生感非常重要,是我们教育教学非常重要的前提。我们平时说一个老师有威信,指的就是这个老师一出现,学生在他面前立马就有学生感。

我曾经到一所农村中学去听课,碰到一件我们也感到很难堪的事情。上午第四节听完以后,已经很迟了,我们就在学校的食堂吃饭。因为高三的学生跟老师在同一个食堂用餐,也没有老师专门的窗口,老师和高三的学生一起排队买饭菜。一位青年老师发现一个同学在前面插队,老师想我们都在排队,你怎么插队,就叫了两声。结果这个同学不知道是没听见,还是故意装作没听见,不理他。这个老师很气愤,走过去把他拉出来。不知道人在饥饿的时候特别有力气还是怎么回事,这个老师用力过大了,一下子把学生拉得摔倒在地上。这个学生也不知道他是老师,可能人一旦肚子饿了，人性就变少了，动物性就多了，他一爬起来拳头就抡过去了，师生就打起来了。你想想，当时的情况多令人尴尬。

很多人就叫校长。校长在隔壁走过来叫停，结果停不下来。这个时候学校一位物理老师走过来，他一站到那里，学生一看到他，马上意识到自己是学生——"学生感"立即恢复了，即刻停下来，向那位年轻老师认错，站在那里规规矩矩地接受老师的批评。

我那个时候觉得这个物理老师是真正的老师。后来他们跟我说，他是全校物理教得最好的老师，不管是不是他班上的学生，对他都是毕恭毕敬的，所有的家长对他也是毕恭毕敬的。这就是老师的威信。

老师的威信就是让学生产生真正意义上的学生感，这是很重要的。我刚才讲如果学生没有学生感，我真的不知道教育教学从何入手。

所以我们千万不要让学生丧失了这种学生感！学生感一旦丧失，教育教学就成为不可能的事情，尽管我们现在反复强调民主，但是民主也要建立在这种学生感的基础之上。

"向师性"的第二个表现，就是学生有这样一个共同心理：不论学习哪一门课，都希望有个好老师；不论在哪个班级学习，都希望有个好的班主任。这是人之常情，也非常重要——希望有一个好老师，希望有一个好班主任，这个"希望"表明老师对学生太重要了。为什么？因为学生的大部分生活是在老师的影响下，甚至是在老师的支配下进行的。学生在学校里能不能过得好，能不能学得好，能不能非常愉快、健康地成长，都跟老师有密切的关系，所以他们热切期待有好老师、好班主任。我经常夸张地说，对一个学生来说，甚至对一个家庭来说，碰到一个好老师，一个好班主任，就等于是一个国家碰到一个好总统，一个好主席一样。

一个学生如果从小学一年级到高三，都没有感受到有哪个老师对他特别偏爱，那是很不幸，甚至很可怕的。学生感到某个老师对他有偏爱，他心里面会偷着乐的，这个是非常重要的。老师经常问寒问暖，很关心他，那他多么开心！可见每个学生都有这种心理需求——老师要特别关爱、照顾我。

第三，学生还有一种共同的心理，就是希望得到老师的注意，希望老师多看我一眼，多关注我一下。

现在有的老师，惩罚学生最简洁、最有效的方法就是不理他，这是可怕的心理漠视！对学生不理不睬，这是最让学生难受的。比如两口子吵架之后，相互之间不理睬，那是对彼此最大的伤害。你干脆骂人，甚至打一架也好。相互之间不理不睬，那是对心灵最大的伤害。

曾经有一个初二的学生给《中国教育报》写了一封信。这封信的题目我们听起来会感到很奇怪——《老师，请你骂我一下吧》。我们肯定很纳闷，这个学生怎么欠骂？这个学生在信上说，老师总是把赞美的眼光和语言给所谓的优秀生，这是无可厚非的，就算是差生也至少能得到老师的几句骂，说明老师看到他们的存在，感到有这样一个人。可是从来就没有老师关注过他。为什么？因为他从来成绩就是中等，从来都是准时交作业，从来没有具体问题，比如跟人吵架。所以从来没有一个老师关注过他。所以这个学生写信说，老师，你骂我一句吧！你骂我一句，至少说明我在你心里是存在的。

不用说，一般的老师要做到这点也确实是有难度的。为什么呢？因为苏霍姆林斯基这样伟大的教育家，曾经在反思自己的教学经验、教学行为的时候也忏悔过，说：一个非常可爱的女孩子，从小学一年级念到四年级，都没有进入他的视野。为什么？因为这个小女孩就是"灰色儿童"——她的成绩一般，非常守纪律，从来没有跟同学闹别扭，更没有跟同学打架，也没有其他问题，所以没有进入老师的视野。

我想请大家一起思考一下，在我们的教学实践中，在我们跟学生相处的过程当中，你是怎么认识学生的这些心理属性的。有没有老师愿意跟我们分享这方面的案例或者经验。

[老师1]：

我举一个案例，与大家分享。

我2003年的时候送走了一个初三毕业班。当时有一个女生让我印象深刻——现在已经高考完了，考上了北方工大。当时这个女孩特别傲气，而且到最后的那段复习时间，她听不进老师说的任何话。后来我跟我们班的数学老师一块儿想了一个办法，就是刚才你说的"冷"处理。在最后一个月复习的时间里，我们把学生按成绩分成几组，实施分层教学。这个孩子不是最好的一组，也不属于中间的，更不属于差的。我们给学习成绩优秀的学生留的是另外的作业，给中等学生分别留不同程度的作业，唯独她，我们都不理她。开始的时候，我们觉得她可能会私下问同学一下，也能做上，但是她一直没有问。过了一个星期，我们发现她上课开始蔫了，我们判断我们的办法应该有一些效果了吧，可是测试结果是她的成绩特别差。后来她妈妈有一天来学校找我，说："老师我跟你说点事吧，不知为什么，我们家孩子快受不了了，她不想上学，而且都想跳楼自杀了。"

当时我想，我还是把和数学老师一块儿商量的计划跟她妈妈说吧。我说我们在劝说、批评都无效的情况下才采取的这样的措施。她妈妈特别感动，当时就流泪了，说："老师真的是用心良苦！"

后来我跟她的孩子沟通了，第二天上课孩子的精神都不一样了。我后来跟这个学生谈了整个的过程，她自己也进行了反思。之后，她的中考成绩很不错，而且高考也很顺利。

[老师2]

余老师，您好！

我想谈一下我听了您这段话的感受。我在思考一个问题，对什么样的老师是好老师，我现在在看法上有一些改变。我们以往说老师讲课精彩是好老师，或者学期末，他们班有多少学生在年级考前几名，又或者他们班中考成绩如何如何，我们认为就是一个好老师。那么，希特勒的老师会不会是好老师？希特勒的同学中肯定会有很多好学生，在这些好学生的眼里，这些老师肯定是好老师，这样的好老师怎么会教出希特勒这样的学生呢？所以，我刚才一直在想，到底什么样的老师是好老师？好老师应该是什么样的？我想评判好老师的标准不是教出来多少好学生，而是改变了多少差学生。所以我想说，只有让差生说你是一个好老师，那你才是一个真正的好老师，而不光是好学生心目中的那种好老师。谢谢大家。

[老师3]

大家好！

我觉得一个好老师首先应该能够了解学生，因为了解学生才能进而理解学生，理解了学生才能教育学生。这是我对以学生为本的教育思想的理解。

前一段时间在《教育博览》上看到一段话，我想跟大家分享一下。这篇文章的名字叫"从沙子到珍珠"。文中引用了国家普通高中思想政治课程标准组的成员鞠文灿先生的文章片断：

"作为一名普通的德育工作者，我常常这样反思：在一生的教育生涯中，我能够为这个社会贡献什么？在一个周期的教育任务结束之后，除了能让学生有一个理想的考试成绩外，我还给学生留下了什么值得回忆的东西？在学生的成长旅途上我是曾经的一个'路标'、一盏'明灯'，还是一颗'尘埃'？进而想到，有没有一节课会让学生想起我？有没有一节课会让学生一生受益、终生难忘？过了若干年之后，我教过的学生还会不会想起我？会不会想起我的一节政治课？如此反思，有的时候真的有点不寒而栗！"

我觉得作为一个老师，如果可以不停地问自己：我的学生长大以后，不管他是不是跟我联系，是不是能够看到我，在他心里我是什么位置，哪怕一个学期能够这样问自己一次，他肯定是一个好老师。

谢谢！

余文森：非常好！一个学期我们能够好好地做一下反思，追问一下我们究竟能够给学生带来什么。我还有一个建议，我经常说名医是由一个一个病例"堆积"出来的，我想优秀教师、名师也是由一个一个教育案例"堆积"出来的。

现在我谈学生的另外一个心理特性，就是独立性。

学生对教师有一种依赖性，或者依赖感，但是，不管学生怎么依赖老师，也不管学生怎么缺乏"个性"，每个人都具有独立性。学生是独立于老师之外的完整的一个人。这种独立性表现在四个方面：

第一，每个学生都是一个独立的人。不仅他的身体是独立的，他要依靠自己的器官来消化、吸收，长身体，他的心理也是独立的，他要靠自己的心理器官来学习、思考，来消化、吸收知识，来增长自己的智慧。

教师想替代也是替代不了的。教师只能引导、鼓励学生去学习、思考、观察，但是你不能代替他学习、思考、观察。学生是独立的人。

第二，每个学生都是独立于教师的头脑之外，不以教师的意志为转移的客观存在。因此，绝不是老师想让他怎么样他就怎么样。学生不是老师的四肢，学生也不是泥塑，我们想捏成什么样子他就是什么样子。不仅学生的身体成长有他的规律性，学生的学习、心理的成长也有他的规律性。我们必须遵循这些规律，我们一定要遵循学生心理发展的客观规律，不仅意志不能强加，知识也不能强加。

第三，每个学生都有一种独立的倾向和独立的要求。我们可以举一些很简单的例子来说明这个问题。比如说学习，学生自己可以看懂的书就不希望老师多讲，自己可以解答的问题就不希望老师多提示，能做的事情就不希望人家多帮忙，等等。

第四，除非有特殊的原因，每个学生都有相当强的学习能力。这一点我们往往容易忽视。除了学校课程的学习以外，他还有很多个性化的、独特的个人的学习。实际上从孩子出生开始，就有很多东西是他通过独立学习而得到的，不是我们学校教给他的，而且即使是学校教给他的知识，也需要借助独立思考、独立操作才能被他真正领会和掌握，所以说独立学习能力是第一位的。

　　上述四个方面表明学生有独立性，这跟刚才所说的"向师性"是相对应的，有的时候甚至就是相对立的心理属性。在不同的年龄阶段，这两种属性的构成、表现形式是不一样的。我们都知道小孩子到了初中阶段有一种明显的反叛性，就是独立性发展到那个程度，开始比较集中地表现出来。那个时候你如果还硬要像对待小学生那样对待他，他马上就对抗了，所以我们除了了解学生有"向师性"、学生感以外，我们还要尊重他的独立性、独特的成长规律。我们的教育教学工作，既要以学生的"向师性"为基础，又要以学生的独立性为导向。正确地认识和对待学生的向师性和独立性以及两者的关系，是取得良好教育教学效果的基本保证。

> 我们这里讲的"教师的态度",主要讲的是教师对学生的态度,当然也包括,或者也涉及到教师对工作的态度,以及教师对自己、对人生、对社会的态度等等。

教师的态度如何影响学生的成长

我们这里讲的"教师的态度",主要讲的是教师对学生的态度,当然也包括,或者也涉及到教师对工作的态度,以及教师对自己、对人生、对社会的态度等等。"教师的态度"对学生的影响是很大的。有句话说得好:态度决定一切。教师以什么样的态度对待学生,将决定学生的成长;以什么样的态度对待工作,将决定工作的成败。

美国教育心理学家古诺特博士曾深情地说:"在经历了若干年的教师工作之后,我得到了一个令人惶恐的结论,教育的成功和失败,'我'是决定性因素。我个人采用的办法和每天的情绪是造成学习气氛和情境的主因。身为老师,我具有极大的力量能够让孩子们活得愉快或悲惨。我可以是制造痛苦的工具,也可以是启发灵感的媒介;我能让人丢脸,也能让人开心;能伤人也能救人。"

大家都知道,在美国,学生的独立性、自主性是很强的,这位博士当了若干年老师以后还有这种体会,更不用说在我们的国家了(受我们的文化传统影响,学生的"向师性"是很强的,更说明老师的态度对学生的巨大影响)。

教师对学生的态度的核心就是对学生的关爱和尊重。态度既是内隐的，又是外显的。它的主要表现方式，我们可以从这几个方面来考察：

第一是语言。态度可以通过语言的方式来表现。你说你怎么爱学生，怎么尊重学生，看看你对学生讲什么话，怎么讲话就知道了。言为心声，语言是思维的外壳，也是心灵的外壳。语言可以反映一个人的态度、情感。

第二是动作方式。情动于中而形于外。老师对学生会心的微笑、亲切的点头、关爱的抚摸、赞赏的眼神，等等，你说会给学生带来什么样的心理体验？

十几年前我到乡下去听一个化学老师上课。因为学生是乡下的孩子，有的时候会衣冠不整。当时有一个小孩子上下纽扣也没有扣对，这个老师讲完课以后，让学生做练习，就走来走去地巡视。走到这个学生跟前，她把学生衣服上的灰尘给掸一下，然后把他的纽扣给扣整齐。这都是无声无息地做的。我在评课的时候特别赞赏这位老师对学生的关爱。老师无声的关心学生是能够体会得到的，用不着说"我帮你扣纽扣"，他通过动作就能表现出来。

第三是眼神方式。我们前面也谈到过了，"老师你看我一眼"，这个是非常重要的。如果一个孩子整堂课坐在一个角落里面，感到老师一眼都没有看他，教育心理学家就认为这个学生什么都没有学进去。"老师你要看我一眼！"

我曾经听过一节公开课，说老实话，课后我是批评了这位老师的。这位老师上公开课，自认为有一个很有价值的改革举措，就是课前三分钟让学生讲故事。当天轮到第 30 号的小孩子来讲故事，我估计这个小孩子知道今天是公开课，所以准备得很认真，故事讲得很生动，很精彩，我们听得都很入迷。我仔细观察全班的同学，个个都认真听，竖着耳朵听，还鼓掌。唯一不认真听的就是老师！因为要上公开课，老师在看自己的教案，在看自己的课本。这个学生讲完故事以后，大家鼓掌完毕，因为老师没有叫他下去，他就站在那个地方。等老师看完教案了，回头看看，这个学生怎么还站在这里。因为是上公开课，我估计老师是很紧张的。课堂上老师请同学起来回答问题，她应该要走过去的，双眼要亲切地注视着学生，可是老师请同学回答问题的时候，自己在看书。她可能耳朵在听，但是耳朵在听是不够的，还要双眼注视着学生，这也是教育教学的基本礼节。她后来自己坦率地承认，因为非常紧张，老怕下面讲什么忘掉了，所以学生在讲故事的时候，她没有心思听；学生发言的时候，她也没心思听，她脑子里面就是自己原来预设的教案——我下面要讲什么，我怎么办——而不是师生的一种积极的互动。

教师对学生不良的态度，是对学生的一种"心灵施暴"。这个心灵施暴、心理虐待有的时候是有形的——老师公开用语言来羞辱学生、责骂学生，大家是可以听得见、看得出来的，但是更多、更可怕的是无形的支配。我把这种支配说成是"情感敲诈"——你一不听话，我就对你怎样怎样。家长也是这样，你不听话我就不给你买什么东西了。这都是情感敲诈，就像歹徒一样威胁"你不交钱就拿命来"。这是第一种——支配。

第二种是冷漠，是最可怕的态度。

学生碰到什么事情都不闻不问。苏霍姆林斯基曾经举过一个例子，一位老师上课的时候发现一名同学注意力一直不集中，老师当然有点生气了，走过去问他怎么回事。旁边的同学告诉老师他外婆去世了，因为外婆是他唯一的亲人。没想到这个老师没有同情心，说："外婆死了就死了，上课还是要认真听讲嘛！"从此以后，这个孩子就恨死了这位老师，后来这名学生的这个学科的成绩就变差了。这件事引起了苏霍姆林斯基的关注，他去了解才知道事情的原委。你想想看，老师对学生的生存状态关心不关心会对学生产生多大的影响。

我曾经听一节数学课。数学老师对我说："我这节课没有什么可听的。"我的搭档正好是数学教学研究专家，他不管什么课都会听的。我们进去听，第一个环节，老师发考卷，我就感到很有意思。因为现在发考卷，基本上都是按成绩由高到低发下去，第一名考90分的同学兴高采烈，非常开心。结果老师冷不防说了一句:"有什么了不起,下一次能不能考第一名还不知道呢!"最后面几个去拿考卷的学生都是垂头丧气的,这个老师就更雪上加霜,说:"你看,又不及格!"我当时就觉得这个老师怎么一点都没有同情心,人家高兴也不能高兴,难过也不能难过,这就是冷漠、贬低,是糟糕透顶的心灵虐待。这你是看不到的,所以当教师确实是很不容易的,是很细腻的心灵的艺术。

新课程实施几年来,在"以人为本"的教育理念的强烈冲击下,师生关系朝着民主化的方向前进了一大步。但是由于"师道尊严"的传统文化根深蒂固,建立基于尊重,体现发展精神的民主、平等、和谐、融洽的新型师生关系,尚需我们不断努力。

传统教学基本的框架结构,是以教为中心,以教为基础,所以,在这样的一个框架底下,老师就会形成一种强烈的教的意识。这种教最后导致了对学的一种控制。

如何建立师生共同发展的教学关系

刚才我们谈的主要是师与生的关系、人与人的关系,接下来我们重点谈谈教与学的关系。

教与学究竟是一对什么样的关系?传统教学以教为中心,学围绕教转;以教为基础,先教后学。在这样的一个框架底下,老师就会形成一种强烈的教的意识。这种教最后导致了对学的一种控制。

然而,培养学生的独立性,是说很多东西要靠学生独立学习的。当然,我们如果进一步来分析,这里边可能还有很多东西值得我们去回味,去思考,去研究。

人有多元的智慧,人的学习方式是很个性化的,有的人擅长用听来学习,有的人擅长用看来学习,有的人擅长在做中学。每个人擅长的学习方式,即个性化的学习方式是不一样的。也就是说,对每个人来说,有效学习方式是不一样的。比如说,擅长阅读的人,即使老师讲得再精彩,也没用的,他一定要回去看书才能够学进去;擅长听的人,即使是他不听课,他也要有听觉刺激,才能动脑筋学下去的。所以,有的小孩子边听音乐边学习,我们总是觉得,你怎么能一心两用,实际上这个听就是一个刺激,刺激反而有助于他思考。

当然，这不是我们今天要讨论的重点。我们这里讲的是教跟学的关系，如果一直以教为主，先教后学，教了再学，教多少学多少，怎么教怎么学，最后教就变成了对学的一种支配和控制，教走向了反面。这种教学关系，不是教去成全、发展学，而是变成了对学的控制。老师越教，学生越不会学，越不爱学。这是传统的、走向了极端的教与学的关系。

可以说这种以教为本位的教学关系，完全把学生定位在依赖性上。我们讲学生的学习存在依赖性，但是，你不能一直定位在依赖性上，低估、漠视学生的独立性、独立学习能力，忽视、压制学生的独立要求，从而导致学生独立性的不断丧失。学生既有依赖性，又有独立性。学生一直依赖老师，那么他的独立性就会不断丧失，最后他只能依赖老师了。这两者要取得一种平衡，总的说来，教学是不断从依赖走向独立的。

教学关系不是静态的、固定的，而是动态的、变化的。

我们对师生关系有一个基本定位，就是学生是主体，教师是主导。这是一种笼统的说法，实际上教和学的关系是动态的、变化的。这个"变化"在这里是指：教学过程是一个"从教到学"的转化过程。在这个过程中，教师的作用不断转化为学生的学习能力，随着学生学习能力由小到大的变化，教师的作用在量上也就发生了相反的变化，最后是学生完全独立，教师的作用也就达到了。它是这样一个过程：教师怎么阅读教材、分析教材、理解教材、评价教材，他把这种智慧、能力不断转化给学生，学生自己最后能看教材，能阅读，能思考了，就不用老师教了，学生就走向独立了。这是教与学的本质关系。所以，教师所谓的主导作用，是不断变化的，在量上要不断减弱，当然，在质上要不断提升，最后让学生走向独立。

在这里，我跟大家介绍一下我国著名的教学论专家江山野先生。我认为他的观点是非常经典的。他依据教跟学是一种变动的、动态的观点，把教学分成几个阶段。这几个阶段既可以指大的过程，也可以指小的过程。什么意思呢？你既可以把它理解为从小学一年级到高三，也可以理解为一门学科的教学过程，还可以理解为一个单元的学习过程，都要经历这几个阶段。

我们先从大的过程来讲：从小学到高中。他认为都要经历这五个阶段：第一个阶段叫"完全依靠教师阶段"，这个是最有依赖性的阶段。在这个阶段，学生百分之百依赖老师，真的是老师教什么学生学什么，老师怎么教学生怎么学，老师教多少学生学多少。

第二个阶段叫"基本依靠教师阶段"。这个阶段，比如说到了小学三四年级以后，学生有一定的知识积累了，也掌握一点学习方法了，他就不用百分之百地依靠老师，但是还是要依靠老师，即基本依靠教师。用数学量化表示，差不多就是75%依靠教师，25%靠自己学。学生可以自己看书，自己阅读，自己解决一些简单问题。我们也可以理解为，"现有发展区"和"最近发展区"的比例在不断调整。

第三个阶段叫"相对独立阶段"。按照江山野先生的观点，到了初中，学生就进入"相对独立"阶段了。所以我们前面也提到过，为什么学生到初中之后，好像特别有独立性，特别有对抗、抵触情绪。学生能看懂教材的一半内容，基础比较差的学生，可能要看两遍，三遍，四遍，五遍，但是总归能看懂50%。这个时候需要老师教的也就是50%，如果老师硬要教100%，那么学生的50%的独立能力就要丧失掉，老师的教就不是促进学生发展，而是会阻碍学生发展。

第四个阶段叫"基本独立阶段"。按照江山野先生的观点，到了高中就进入"基本独立"阶段了。这时，不要老师教，学生一般能读懂75%。当然，一样的道理，优秀的学生一两遍就能读懂75%，基础比较差的同学可能要读很多遍。一般来说，这个阶段不要老师教，学生基本上可以读懂，但是他可能理解得不深刻、不透彻，所以，这个时候老师就要在深刻性、透彻性上下工夫了。你不能够还讲究系统性、全面性。我前面也提到过，在高中新课程背景下，你如果这样教，是"怎么教也教不完的"。

第五个阶段叫"完全独立阶段"。江山野先生认为，到了高中毕业，学生就从"完全的依赖"走向"完全的独立"。

说实话，我第一次看到这个理论，非常震撼。我们一直是从平面的、静止的维度来讨论教学关系，而江先生则是从动态的、变化的维度来思考教学关系。我自己在福建跟我的一个科研伙伴，从初中开始搞一项教改实验——"指导自主学习"。为什么从初中开始？我们就是受他这个理论的启发：初中学生具有相对独立性，能读懂50%的教材内容。我们在一个农村的中学——这个中学条件确实是非常差的，进行了长达六年的实验，从初一到高三。筛选的时候，我们当然有个前提，就是他们真的进入"相对独立"了，也就是说他们是合格的小学毕业生。为此我们首先进行一次摸底考试，语文、数学都达到75分的，编进一个实验班，共54个同学。我们按照江山野先生的理论，从"相对独立"开始，学生自己能读懂50%的教材。但是刚开始的时候，我们发现学生基本上都读不懂，因为小学的时候没有培养学生的独立性，他们自学的能力非常差，所以我们开始的时候是手把手地教学生怎么读教材。

相对来说，这个班比其他班级都好，但是仍然不会读书，不会思考，所以，怎么读数学课本、语文课本、英语课本，概念怎么读，原理怎么读，例题怎么读等等，都是手把手地教，教得很细的。结果教了半个学期，到期中考试的时候，本来应该教到第二单元或第三单元，这个班级恐怕第一单元都没教完。但是，到了初二，这个班级基本上把初三的内容都学完了。到了初三上学期就开始复习了，复习完以后，学生就比较有想法了。学校就觉得这个班级的学生，很有发展潜能，让他们都考上重点高中，都考走了，自己辛辛苦苦培养的，很舍不得。但是，该校基础又很差——在我们福建，中学有一级达标、二级达标、三级达标，该校连三级达标都还没达到——学生可能考到一级达标，或者二级达标的学校，不愿意留在自己的高中里，学校就感到很为难，就跟我们商量怎么办。我们说要动员家长，要做家长的思想工作。

春节的时候，就是初三上学期结束的时候，学校就把家长都请过来，说:"我们实施的是特殊的教学进度,孩子以后到了别的中学不一定会适应。如果大家愿意把自己的孩子留在我们学校读高中,我们会把全校最优秀的老师集中在这个班。再加上还有省里的专家来指导,肯定是最好的师资、最好的条件,保证把这个班教好。"

家长都答应校长,让孩子留下来念高中。当然,到了高中,校长并没有把最好的老师派到这个班级来,还是原来的初中老师上课。其中,语文跟数学老师都是专科毕业,他们后来回忆说,实际教到高二,就感到很吃力了,他们完全是一边教一边学,有时学生知道的东西比自己都多,就向学生学习。

1994年高考,这个班的成绩是相当突出的。54人,600分以上的有6个人,有44人进入本科。当然,这个成绩可能跟我们很多一流的重点中学比还是有差距的,并且差距还很大。但是对这个学校来说是破天荒的。

总之,尊重和培养学生的独立性,充分发挥学生的独立性,这是提高教学质量的根本。从教学实际来看,当前教学存在的根本问题是,教学方式和方法严重滞后于教学过程的发展阶段和学生的学习能力(确切地说是学生的学习潜力),从而严重阻碍教学阶段的发展和学习能力的发展。如上所说,独立性是客观存在的、学生普遍具有的一种根本特性。这种特性在学生的学习生活中,经常顽强地表现出来,是学生极重要的一种品质。新课程要求我们教师充分尊重学生的独立性,积极鼓励学生独立学习,并创造各种机会让他们独立学习,从而发挥他们的独立性。培养独立学习的能力,是教学促进学生发展的根本体现。

简单地说，对话是师生基于相互尊重、信任和平等的立场，通过言谈、倾听而进行的双向沟通、共同学习的过程，这是我们对"对话"的一个基本的定位。

为什么要提倡和强调对话

简单地说，对话是师生基于互相尊重、信任和平等的立场，通过言谈和倾听而进行的双向沟通、共同学习的过程。

对话作为一种教育精神，它强调师生人格的平等，即师生之间只有价值的平等，而没有高低、强弱之分。在对话中，教师与学生作为有生命的、具有平等地位的人相遇，相互尊重彼此的独特个性，自由而持久地交换意见，共享不同的个人经历、人生体验。在对话中，教师与学生共同学习民主和平等的观念，学习尊重差异、尊重生命。由此，教师与学生之间就形成了真正的人与人的关系。我们相信，在这样的师生关系中，学生会体验到平等、自由、民主、尊重、信任、友善、理解、宽容、亲情与关爱，同时受到激励、鞭策、鼓舞、感化、召唤、指导和建议，形成积极的、丰富的人生态度与情感体验。

对话作为一种认识方式，它强调师生间、学生间动态的信息交流，通过信息交流实现师生互动，相互沟通，相互影响，相互补充，从而达成共识、共享、共进。对话的认识意义表现在，第一，促使知识增值。"知识在对话中生成，在交流中重组，在共享中倍增。"师生通过对话分享彼此的思考、经验和知识，丰富学习内容，求得新的发现。教学过程因此成为课程内容持续生成与转化、课程意义不断建构与提升的过程。第二，活跃师生思维。古人言："独学而无友，则孤陋而寡闻。"缺少交往和对话很难产生思维的碰撞和创造的火花。有些观点是想出来的，有些观点则是"讲出来"的。英国文豪萧伯纳说得好："一个苹果跟一个苹果交换，得到的是一个；一个思想跟一个思想交换，得到的是两个，甚至更多。"对话教学有助于激发灵感，产生新颖的观点、奇特的思路，从而增强思维的灵活性和广阔性。

总之，对教学而言，对话意味着互动，意味着参与，意味着相互建构，传统的严格意义上的教师教和学生学，将不断让位于师生互教互学，彼此将形成一个真正的"学习共同体"。在这个共同体当中，"学生的教师和教师的学生不复存在，代之而起的是新的术语：教师式学生和学生式教师。教师不再仅仅去教，而且也通过对话被教，学生在被教的同时，也同时在教。他们共同对整个成长负责。"对学生而言，对话意味着心态的开放，主体性的凸现，个性的彰显，创造性的解放；对教师而言，对话意味着上课不是传授知识，而是一起分享理解，上课不是无谓的牺牲和时光的耗费，而是生命活动、专业成长和自我实现的过程。

在实践中，对话教学要注意以下几点：1. 对话不是简单的问答。一提到师生对话，许多人就自然而然联想到课堂上的师生问答，以为那就是师生对话。但作为教学状态的师生对话，并不能简单地理解为课堂上的师生问答。有些发生在课堂上的师生问答，其实并非真正的教学对话。真正的师生对话，指的是蕴涵教育性的相互倾听和言说，它需要师生彼此敞开自己的精神世界，从而获得精神的交流和价值的分享。它不仅表现为提问与回答，还表现为交流与探讨，独白与倾听，欣赏与评价。这是对话在质方面的要求。2. 对话并非越多越好。教学中的对话无论是作为一条"原则"，还是作为一种方法，它的使用都必须服从服务于教学的目的，不能为对话而对话，对话的滥用必然导致形式主义。总之，对话并非越多越好，这是对话在量方面的要求。3. 对话的目的并不是要达成一致。对话不是为了消除差异、排除异己，而是为了更好地理解和珍视差异。观点的不同正说明问题的复杂性，说明有对话的必要与可能。学生之间、师生之间的思想碰撞，应该是"对话"的主旋律。

案例1：有形无实的对话

一提到师生对话，也许我们中的许多人就自然而然地联想到课堂上的师生问答，以为那就是师生对话。但作为语文教学状态的师生对话，并不能简单地理解为语文课堂上的师生问答。有些发生在语文课堂上的师生问答，其实并非真正的语文教学对话。让我们先来看一看，一位语文教师在教《刘胡兰》一文时，与学生进行这么一段问答。师问："这篇文章是写谁的？"生答："是写刘胡兰的。"师问："你怎么知道？"生答："题目就是'刘胡兰'。"

师问："这个云周西村在什么地方？"有学生答是在陕北，有学生答是在延安。师说："云周西村在革命根据地。"课文中有敌人对刘胡兰说的这么一句话："你说出一个共产党员给你一百元钱。"师问："谁知道那时发什么钱？"有学生答是发银圆，有学生答是发铜板，而另有一位学生则说，那时候的钱中间是有窟窿的。教师最后作总结说："反正那时候的钱比现在的钱值钱。"

这段对话虽然由师生的问答组成，但却不能说是真正意义上的语文教学对话，因为这样的对话徒具师生对话之形，却不具师生对话之实。而我们所说的师生对话，指的是蕴涵教育性的相互倾听和言说，它需要师生彼此敞开自己的精神世界，从而获得精神的交流和价值的分享。因此，语文教学中的师生对话，是师生心灵的相互沟通，它不仅表现为提问与回答，还表现为交流与探讨，独白与倾听，欣赏与评价。

案例2：在多元对话中教语文——《项链》教学实践及反思

在讲解莫泊桑短篇小说《项链》时，我就在思考：这篇小说的主人公玛蒂尔德的形象,一直是理论界争论不休的话题,我该如何向中学生们讲解这个问题并在课堂上激发他们主动探究的兴趣呢?

上课后我就对学生们说:"今天我们来分析玛蒂尔德的形象,希望大家各抒己见、踊跃发言。你们可以随时站起来发表自己的看法,其他同学也可针对某位同学的观点提出不同意见。我们也来个百花齐放,百家争鸣。"

课堂气氛一下子活跃起来。我趁热打铁,问同学们:"读完这篇小说以后,你对玛蒂尔德的印象如何?你喜欢她吗?"

课堂上很快形成针锋相对的两派,有人说"喜欢",有人说"不喜欢"。抓住这个机会,我把班上的同学分成两大组,要求观点相同的,坐得比较近的同学互相讨论,然后推举代表站起来谈谈自己为什么"喜欢"或为什么"不喜欢",最后集体评议看看谁说的道理更充分。

几分钟以后,我首先让"不喜欢"玛蒂尔德的同学说说理由。

甲同学说:"玛蒂尔德整天奢望得人欢心,被人艳美,被人追求。说明她不能正确面对现实,想入非非,心中充满了空想,我不喜欢她。"

乙同学说:"玛蒂尔德追求奢华生活,幻想挤入上流社会,渴望能过上养尊处优的富裕生活,她贪图享受,虚荣心太强,我不喜欢。"

丙同学说:"十年的艰辛就是对她虚荣心的惩罚。活该!"

等到他们再也没有什么补充意见时,我又请"喜欢"玛蒂尔德的同学发言。

A同学说:"她诚实守信,当她确信项链的确是再也找不回来时,她想的依然是如何按时还上,从没有想过赖着不还,或是买个假的还上,体现出她高尚的人格。"

B同学说:"她有自尊和自爱,丢失项链后她决定靠自己的劳动来还债,决不出卖自己的灵魂和肉体,比现实生活中那些以不正当方式不劳而获的人不知要强多少倍,在她的身上闪耀着人性的光芒!"

C 同学说:"她还有坚韧、忍耐、吃苦的精神,丢失项链后,面对巨额债务,勇于向命运抗争,值得尊敬。"

双方争执不下。

此时,我便对同学们说:"先撇开自己观点,想想对方刚才所说的,你觉得有道理吗?"

"好像都有道理啊!"同学们小声地谈论。

"的确如此。"我连忙肯定,"双方的同学所说的都言之有理,这也就是我们所说的人物性格的多样性和复杂性。"随后,我又对双方观点作了简评和总结。同时,我又不失时机地赞扬了双方的同学:"这说明大家的确认真阅读了文章,并认真思考了,双方的发言都很精彩。"我看到了有些同学脸上露出了笑容,我的内心更是高兴。因为学生们在自主、合作、探究的过程中既掌握了知识,又体味到学习的乐趣。

这时,又一个同学突然站起来问:"老师,像您这样说,我们对人物的分析不是丧失了一个标准了吗?"

这也正是我想要说明的问题。作为本节课的结束,我因此向学生们点明了文学鉴赏中的一个重要原则:"对文学作品的鉴赏和评价历来是仁者见仁,智者见智,没有统一的标准答案,而具有某种未定性和模糊性,却能给我们带来无尽的阅读快感和遐想,这也正是文学经典的魅力之所在。我也希望同学们在解读文学经典的过程中,结合自己的独特体验,读出经典新的含义。"

讲到这里,同学们都露出若有所悟的样子。

我又和学生约定,我们都以《我心目中的玛蒂尔德》为题写一篇人物短评,然后在一起交流。我从交上来的作文中发现,许多同学都写出了论点鲜明、有理有据的好文章。

这节课基本上实现了我所预期的目标,形成多元对话的课堂氛围。靠学生与文本对话、生生对话、师生对话主动探究问题，我不再为学生代言，而仅仅起到了引导的作用。我讲的少，学生讲得多；我教得轻松，学生们也学得轻松。学生们在自主、合作、探究的过程中感受到了文学经典的蕴藉之美，在宽松民主的氛围中领略到了语文学习之乐。①

附录：
下面是老师们与余教授的互动。

关于对话我就讲到这里，下面还有一点时间，希望老师们围绕这个专题，来谈谈自己的想法，或者提供你们富有个性的一些案例，或者你们正在想的一些问题，需要跟我进一步沟通的，也可以提出。

［老师1］

余老师，您好！

我想先提供我的一个案例跟大家分享一下。作为班主任，每届学生毕业以后，我总是能收获一个大的留言本。这是给我的最好的礼物，学生在留言本上给我留言。2005届的学生在赞美、祝愿之后，给我提了两个意见。因为当时大家关系都比较好，学生都管我叫袁姐姐。

第一是："希望您笑口常开，您情绪不好的时候，我们很难受也听不下去，而且又不知道说什么。"第二个是："希望您能少说点，您看物理老师给我们讲课就是几句话，说得特明白，还总能给我们一点时间思考，觉得特别轻松，您说的太多，感觉您自己也挺累的。"

我在惭愧自己教得比较笨的同时，也感到自己对学生还是不了解。

有时候作为班主任，总怕有些事讲不清楚，学生听不明白，实际

---

① 董文：《在多元对话中教语文——〈项链〉教学实践及反思》，《基础教育课程》，2005(3)。

上是忽视了学生的独立学习能力。学生都快听出"茧子"了，但是碍于大家平常关系不错，就留点面子，不直言罢了。我也下定决心要改变自己的口头禅，"听懂了吗？"老是这么一句，要放开手让学生自己学，别怕学生摔跤，实际上他可能走得比你还好。

[老师2]

余老师，您好！

今天，您讲的师生关系的问题，我觉得里面最关键的问题就是，我们做老师的要学会换位思考。如果我们能永远站在学生的角度去考虑问题，这样处理师生关系相对来说就比较好办了。当然，影响师生关系的因素是比较多的，我刚才也在考虑这个问题，其实我们处理与学生之间的关系，或者人与人之间的关系，如果想确立一种比较良好的关系都离不开这一条，就是换位思考，就是站在对方的角度考虑问题，我就是这么认为的。

[老师3]

余老师，您好！

我在这里也讲两个案例，关于学生希望老师是什么样的老师的话题。2004年我们在批阅毕业班的考试卷时，发现一个孩子写《我喜欢的老师》。他是这样说的，我喜欢语文老师，课堂上他是《百科全书》，课间他是《幽默大全》，课后他是《心灵鸡汤》。我当时读完就特别感动，说实话，我在这之前还没听说老师要成为一本书，可能是我孤陋寡闻。看到学生的这句话之后，我就在想，的确，我们老师要成为一本书，一本学生爱读、读了又有意义的书，这是学生对老师的要求。

另外一个案例：我们在农村小学举行教学研究活动的时候，评课的过程当中，老师们纷纷提出来，我们农村的条件比较落后，没有多媒体，许多的场景，如果用多媒体来创设的话，效果可能会更好。有一位老师就提出来，我们老师自身就要成为最好的"多媒体"。我当时听完这句话之后非常震撼，老师比我们教研员的思想观念要先进得多,他要求我们老师自身是最好的多媒体。想想的确是这样,我们老师如果能够成为最好的多媒体的话,我们在课堂上一定会深深地吸引孩子,并且把孩子吸引到探究知识、诞生观念这样一个美好的殿堂中来。最后我想起金庸笔下武林高手的形象,这些高手是出手无招,心中有招;心中无招,出手有招。

我想老师在教育教学过程当中应该要成为这样的"武林高手"。

谢谢!

[老师4]

余教授,您好!

刚才您提到江山野先生的教学五段论。第三点我想跟在座的老师、跟您交流一下,因为在教学实践中我发现一个问题,就是学生能独立学习应该是最高境界,但是很少有同学能够达到。您提到初中应该相对独立地进行学习,但是我觉得大部分老师都有一个毛病,就是他总怕学生学不会,一味地在教,教,教,不仅课堂上教,课下还教(补课),反正就是不停地教。我觉得老师是不是应该作为一个辅导员辅导学生学习。我们这学期做了一个实验,我觉得事实胜于雄辩。我们用学案导学,这是大兴区(北京)的一个研究课题。通过这个课堂活动,老师们比较容易接受,还是应该以相信学生为主,培养学生的独立学习能力。怎么培养,当然得一步一步地操作。我们在每节课之前给学生制定出"学案",然后告诉他怎么学习,第一步干什么,第二步干什么,课文都有哪些知识点,罗列出来,稍微解释,然后根据教材制定一些简单的、易懂的、学生当时可以接受的、有提高性的习题在课堂上做。这个活动,搞了一个学期,学生感觉进步特别明显,收获特别大。到期末的时候,以前听写一课的单词、句子都特别费劲,现在听写一个单元、几十个单词、十几个句子,一个班上基本都保证全对。学生的学习兴趣增强了。我没有炫耀的意思,就是跟咱们老师交流一下,关于学生的独立学习,应该怎样让他们独立学习,专家是不是应该在这方面给老师更多的指导和帮助。谢谢！

余文森：我想利用这个机会，对刚才这位老师的问题和要求做个补充。我们第一个阶段就是叫教学、教读，就是教他怎么读，甚至是手把手地教。教了一段，学生不耐烦了，说老师你不要这样教，我们现在自己能看懂了。此时如果你还一个字、一个词地教，他就不耐烦了。这个时候老师出一些简单的学案、提纲，这节课重点是什么，难点是什么，关键是什么，老师原来的"教案"变成一个"学案"了。

有的时候是一节课，有的时候是一单元，有的时候是一个学期，学生又不耐烦了，他不要这个提纲，他说一看书就都知道了。我们讲独立学习的发展也有阶段性，不同的阶段对教师有不同的依赖和要求，这也是独立学习能力发展的一种规律性。不能说新课程提倡自主，那就大家自己看书吧，这肯定是没有效果的。所有的理想、追求都要有具体措施跟进的。

这个过程，不同的老师、不同的学生，经历的时间长短是不一样的，但是都要经历这个过程的，就像江山野先生所讲的，即使是研究生的学习也要经历这个过程的。我自己也带研究生，刚开始，研究生进入一个崭新的领域，他也要完全依赖我，然后到逐步独立，只不过这个过程比较短而已，依然是"从教到学"的转化过程。

刚才，第一个老师在反思学生给他提的建议里面说"要少教"，我也在反思。我们习惯了，包括今天下午，我很想少讲，多让大家参与，但是不知不觉又讲多了。因为我们有的时候，不仅仅受制于观念，还有形成的习惯和惰性。这也说明改革任务是很艰巨的，需要我们付出更多的努力。

非常感谢大家的参与！

第六讲 有效教学的三条"铁律"

各位老师，今天，我们一起学习、探讨有效教学的规律问题。

经过二十多年的学习、实践和研究，我认为，要提高教学质量，实现有效教学、优质教学，有三条教学规律是绕不开的。甚至可以武断地说，任何好的教学都是有意无意地遵循了这三条规律，相反，不好的教学则一定是违背了这三条规律。当前，有效性问题已经成为课堂教学改革的热点问题，为此，强调这三条规律具有特别重要的现实意义。为了凸现这三条规律的重要性和不可违背性，我把这三条规律称为"铁律"。

这条规律告诉我们：当学生处于相对独立和基本独立的学习阶段，具有一定的独立学习能力的时候，必须先学后教。这是教学的一条规则、规律，而不是一种可以采用也可以不采用的方式、方法。

第一条铁律："先学后教"——以学定教

当学生已经能够阅读教材和思考的时候，也就是进入"相对独立"和"基本独立"学习阶段的时候，要先让他们自己去阅读和思考。当然，这时只靠学生自己读书和思考还不能解决全部问题，所以，教师的教学依然是重要的，但是，教师一定要针对学生独立学习中提出和存在的问题进行教学，这就是教学的针对性。没有针对性的教学就是一般化的教学，一般化的教学是低效的，甚至是无效的教学。需要强调的是，在针对学生独立学习中存在的问题进行教学的时候，教师也不是包办代替，而是要继续注重发挥学生的学习潜能和学生的集体智慧。

这条规律告诉我们：当学生处于相对独立和基本独立的学习阶段，具有一定的独立学习能力的时候，必须先学后教。这是教学的一条规则、规律，而不是一种可以采用也可以不采用的方式、方法。

从教学促进学生发展的角度讲，先学立足于解决现有发展区问题，后教旨在解决最近发展区问题。前苏联著名心理学家维果茨基就教学与发展问题，创造性地提出了两种发展水平的思想。第一种水平是现有发展水平，也称现有发展区，由已经完成的发展秩序和结果组成，表现为儿童能够独立地解决智力任务；第二种水平是最近发展水平，也称最近发展区，表现为儿童还不能独立地解决任务，但在成人帮助下，在集体活动中，通过模仿却能够解决这些任务。儿童今天在合作中会做的事情，到明天就会独立地做出来。

教学与其说是依靠已经成熟的机能，不如说是依靠那些正在成熟中的机能，来推动发展前进的。维果茨基据此强调指出：只有当教学走在发展前面的时候，才是好的教学。他说："教育学不应当以儿童发展的昨天，而应当以儿童发展的明天作为方向。"实际上，只有建立在学生独立学习基础上的课堂教学，才有可能走在发展的前面，并推动发展，从而不断地创造最近发展区，并把最近发展区转化为新的现有发展区。这是有效教学、优质教学的心理学机制。

这条规律的潜在意义在于，不论学生处于什么样的学习阶段，也不论学生是怎样地依靠教师，每个学生都具有独立性。著名教学论专家江山野指出，学生的独立性包含以下四层意思：

第一，每个学生都是一个独立的人。正如每个人都只能用自己的器官吸收营养物质一样，每个学生也只能用自己的器官吸收精神营养，这是别人不能代替的。教师不可能代替学生读书，代替学生感知，代替学生观察、分析和思考，代替学生明白任何一个道理以及掌握任何一条规律。教师只能让学生自己读书，自己感受事物，自己观察、分析、思考，从而使他们自己明白事理，自己掌握事物发展变化的规律。

第二，每个学生都是独立于教师的头脑之外，不以教师的意志为转移的客观存在。因此，绝不是教师想让学生怎么样，学生就会怎么样。教师要想使学生接受自己的教导，首先就要把学生当作不以自己的意志为转移的客观存在，当作具有独立性的人来看待，使自己的教育和教学适应他们的情况、条件、要求和思想认识的发展规律。

第三，每个学生都有一种独立的倾向和独立的要求。在学习过程中，突出表现在：学生觉得自己能看懂的书，就不想再听别人多讲；感到自己能明白的事理，就不喜欢别人再反复啰嗦；相信自己能想出问题的答案，就不愿再让别人提示；认为自己会做的事，就不愿再让别人帮助或多嘴。实际上，学生在学校的整个学习过程也就是一个争取独立和日益独立的过程。

第四，每个学生，除有特殊原因者外，都有相当强的独立学习能力。只有承认、尊重、深刻认识、正确对待并积极引导和发挥学生的"独立性"，才能在教育和教学上取得优良成绩。

根据我们实验的体会，先学之学具有以下三个特性：

一、超前性。从时间上讲，先学与预习是一样的。我们知道，传统教学是课堂教学在先，学生复习和作业在后，也即学生的学习只是对教师讲授的内容进行简单的复制。教育心理学认为，这种缺乏学生对知识独立建构的所谓学习只能是死记硬背的、形式上的学习。而先学后教强调的是学生独立学习在先，教师课堂教学在后，超前性使教与学的关系发生了根本性的变化，即变"学跟着教走"为"教为学服务"。

二、独立性。独立性是先学最本质的特性。先学强调的是学生要摆脱对教师的依赖，独立开展学习活动，自行解决现有发展区的问题。在我们的实验中，先学是指学生在教师授课之前，独立阅读教科书并做读书笔记，独立完成课本作业。从这个角度上讲，先学与传统预习是有区别的。先学贵在独立性，是学生独立获取基本知识，习得基本技能的基本环节；传统预习通常是指学习主体在正式进入课堂教学阶段之前的准备活动，预习具有从属性，从属于课堂教学，直接为课堂教学服务，不是学生赖以获得知识和技能的主要环节。

三、异步性。先学的异步性区别于传统学习的"齐步走"。传统教学忽视学生学习的个体差异性，要求所有学生在同样的时间内，运用同样的学习条件，以同样的学习速度掌握同样的学习内容，并要求达到同样的学习水平和质量。先学则要求每个学生按自己的速度和方式进行超前学习，并鼓励优秀的学生进行跳跃式的超标学习。前苏联教育家苏霍姆林斯基就鼓励学有余力的学生进行"超纲"学习。当然，由于每个学生的基础和潜质不一样，有的学生学得快，有的学生学得慢，进度不一。我们认为，对学生的学习进度，应做到该统一的统一，不该统一的可以不统一。

这是先学之学的三个特性。那么，后教之教具有什么特性呢？我们认为，后教之教也具有以下三个特性：

第一，针对性。后教区别于传统课堂教学的第一个显著特征就是针对性，即必须根据学生超前学习中提出和存在的问题进行教学。否则，教师依然故我，面面俱到，系统讲授，那就失去了让学生超前学习的意义，失去了教学的针对性。

那么，如何做到有针对性呢？

首先，必须对学生的超前学习进行检查，一方面这是为了防止放任自流；另一方面，更重要的是为了确切地了解学生的学习能力和他们对教材的掌握程度。这既是展示学生独立学习能力和肯定他们超前学习成果的过程，也是一个发现和集中学生存在问题的过程。

其次，在针对学生的问题进行教学时，也不是由教师包办代替，而是要继续发挥学生的学习能力。凡是他们自己能够解决的问题，要继续让他们自己去独立解决；凡是他们自己不能独立解决的问题，则启发、引导、组织大家一起解决。这是更深层的针对性，即不仅针对学生的问题，也针对学生的能力。

正是这种针对性，使学生的独立学习能力不断得到表现、强化，从而最终形成，使教师的主导性不断转化为学生的主体性，达到"教师少教、学生多学"的理想效果。

第二，参与性。参与性教学是一种体现学生学习主体，强化师生互动的教学。先学为学生的参与提供了基础。实践证明，这种参与式的学习远比被动地从教师那里获取现成的结论要深刻得多，对学生认知的发展将会产生深远的影响。参与性强调把课堂还给学生。第一要让学生参与课堂教学的全过程，学生在课堂中的参与不应局限于独立思考和练习阶段，而应体现在教学的各个环节上；第二要让每一位学生都有参与教学的机会，体验到成功带来的满足，特别是要从不同层次学生的学习基础出发组织学生参与教学活动，使他们在原有学习的基础上通过参与教学都有所发展；第三要引导学生参与学也参与教，不仅把学的主动权交给学生，而且也把教的主动权交给学生，课堂展开师生互教互学活动；第四要引导学生参与教学也参与评价。

第三，开放性。开放性是针对性和参与性的必然结果，教师不可能预先设定学生先学存在的所有问题，而学生在参与性学习中的各种即兴表现和自由发挥更是教师所难以预料的，这对以教案为本位的传统教学无疑是一种反叛，对教师来说也是一种挑战。但是，正是这种开放性真实展现了教学过程中本应存在的生动性、复杂性、生命性、挑战性和生成性。对智慧没有挑战性的课堂教学是不具有生成性的，没有生命气息的课堂教学也是不具有生成性的。

从生命的高度来看，每一节课都应该是不可重复的激情与智慧综合生成的过程。

我们来看几个以"先学后教"为教学理念和教学特征的著名教改实验：

1. **尝试教学**："先练后讲，先试后导。"尝试教学简单地说，不是教师先讲，而是让学生在旧知的基础上先尝试练习，在尝试过程中教师指导学生自学课本，引导学生讨论，在学生尝试练习的基础上，教师再进行有针对性的讲解。它的教学基本程序可分为五步：一、出示尝试题；二、自学课本；三、尝试练习；四、学生讨论；五、教师讲解。

2. **洋思模式**："先学后教，当堂训练。"课堂教学分以下五个环节：一、出示这堂课的学习目标和自学要求；二、学生根据自学要求自学，教师巡视并发现学生自学中的问题；三、学生汇报自学结果，在汇报时，"后进生"有优先权；四、纠正、讨论、指导自学结果；五、学生当堂完成作业，教师当堂批改作业。

3. 杜郎口模式："'三三六'自主学习模式。"第一个"三"指的是课堂教学的三个追求：即立体式、大容量、快节奏；第二个"三"指的是"预习——展示——反馈"三个环节；"六"指的是六个教学步骤，即预习交流、明确目标、分组合作、展现提升、穿插巩固、达标测评。

4. 卢仲衡老师指导的"自学辅导教学"。其主要的步骤有五个：

第一，启发。就是提示当天学习的重点和难点。

第二，阅读。就是学生自己阅读课本。

第三，练习。既然读懂了课本，就可以做相关的练习题。

第四，评议。就是当时知道结果。这一步很重要，做了练习之后，让学生当场核对或订正答案。

第五，小结。教师下课之前总结这节课的学习内容。

5. 黎世法老师倡导的"异步教学"。其主要步骤有：

第一步，自学。就是自己读课本。

第二步，启发。就是教师针对学生提出的问题给予适当的点拨。

第三步，复习。梳理一下自己已经学了哪些内容，检查有没有遗漏的地方。

第四步，作业。也就是练习。

第五步，改错。这一步相当于卢仲衡老师倡导的"当时知道结果"。学生做了练习之后，同学之间相互改错。

第六步，小结。

这几项教改之所以能取得好的效果，根本原因就在于遵循了"先学后教"这一教学规律。

这条规律告诉我们：当学生处于依靠教师的学习阶段，必须先教后学，边教边学，但是教的着眼点是为了不教，学的着力点在于自主、独立学习，因此，教师要致力于教学生学会学习。

第二条铁律："先教后学"——以教导学

当学生不具备独立阅读教材和思考问题的时候，也就是学生还处于依靠教师的学习阶段，教师要把教学的着眼点放在教学生学会阅读和学会思考上面。这同样是教学的一条规则、规律，而不是一种可以采用也可以不采用的方式、方法。当然，教师不能脱离学科性质、教材内容特点和学生认识水平，单独传授所谓的方法，而应该把方法传授有机地渗透和融入知识的教学中，并引导和教育学生保持对学习方法的关心，养成"方法"的意识。

这条规律告诉我们，当学生处于依靠教师的学习阶段，必须先教后学，边教边学，但是教的着眼点是为了不教，学的着力点在于自主、独立学习，因此，教师要致力于教学生学会学习。陶行知先生对此有十分精辟的见解，他说："我以为好的先生不是教书，不是教学生，乃是教学生学。教学生学有什么意思呢？就是把教和学联络起来：一方面要先生负指导的责任，一方面要学生负学习的责任。对于一个问题，不是要先生拿现成的解决方法来传授学生，乃是要把这个解决方法如何找来的手续、程序，安排得当，指导他，使他以最短的时间，经过相类的经验，发生相类的理想，自己将这个方法找出来，并且能够利用这种经验、理想来找别的方法，解决别的问题。"

各科任教师都要根据本学科的特点进行学习指导。在教学中，要有目的、有计划地通过科学学习方法的示范和渗透，通过讲授科学家们的科学学习方法，来指导学生怎样阅读，怎样思考，怎样探索，怎样总结，怎样评价，从而培养学生独立获取知识的能力，系统整理知识的能力以及科学运用知识的能力。

从动态发展角度来看，整个教学过程也就是一个"从教到学"的转化过程。在这个过程中，教师的作用不断转化为学生的独立学习能力。随着学生独立学习能力由小到大的增长，教师的作用在量上也就发生与之相反的变化。最后是学生完全独立，教师作用告终。所谓教师的主导作用，最主要最根本的也就在于促进和完成这一转化。先教后学的本质就是把教转化为学，具体来说，也就是把教师的教学能力、分析和解决问题的能力，转化为学生的独立学习能力。

这条规律的潜在意义是什么呢？

这条规律的潜在意义在于，学生的独立性和独立学习能力是需要培养的，新课程实施过程中所出现的"自主"变成"自流"的现象就是因为缺少了"培养"这一环节。换个角度讲，学生是有依赖性的，从积极方面讲，依赖性即可教性。这是我们教育学生，也是我们培养学生独立性和独立学习能力的根本依据。如果我们不注重独立性的培养，那么学生即使到了所谓"独立"的年龄阶段，其独立性和独立学习能力也是很低的。相反，如果我们注重独立性的培养，那么学生独立性和独立学习能力就会很快地发展起来。

从教学角度讲，独立性和独立学习能力培养的主要措施是学法指导，学法指导是很多成功教改实验的共同特征。从实践上讲，学法指导的主要教学要点包括以下三个方面：

第一，坚持传授知识与传授方法相结合。它要求教师传授知识，不是停留在讲清楚知识上，而是在讲清知识的同时揭示出规律，提出科学的思维方法和学习方法。与此同时，它要求学生不仅掌握讲授的内容，同时要掌握教师讲授的思路以及分析问题、解决问题的方法和途径。

第二，注重学习过程本身的教学。教学过程要成为学生积极主动展开智力活动的过程，它不仅要获得正确的答案和结论，更重要的是提供给学生一种自我探索、自我思考、自我创造和自我表现的实际机会，使学生能进行学习的自我体验。这种学习上的自我体验是极其宝贵的，它能使学生意识到自我力量的存在，从而有效地增强学生的自我意识并提高学生自我教育的能力。

第三，坚持教法改革与学法指导同步进行。一方面把教法建立在研究学法和学情的基础上，以提高教法的针对性和有效性；另一方面，在探索和选用先进的科学的教法中，引导学生掌握适合其自身特点的学习方法。实践证明，无论是脱离教法改革的学法指导，还是忽视学法指导的教法改革，都难以收到预期的效果。

接下来，我们看看几个以学法指导和培养自学能力为重点的著名教改实验：

1. **钱梦龙老师的"语文导读教学法"**。这种教法以学生自己的阅读实践为理论设计基点，以培养学生独立阅读能力为主要目标，"三主"和"四式"构成语文导读法的整体构思。"三主"就是"学生为主体，教师为主导，训练为主线"，是导读教学的指导思想。"三主"这一理论设计在教学过程中外化为相对应的教学结构模式，即"四式"：自读式，教读式，练习式，复读式。

2. **魏书生老师的"六步教学法"**。其操作方式为：

第一步，定向。确定教学内容的重点、难点，并告诉学生，使之心中有数，方向明确。

第二步，自学。学生根据学习的重点和难点自学教材，独立思考，自己作答。

第三步，讨论。学生前后左右每四人为一组共同讨论和研究在自学中没有解决的问题，寻求答案。

第四步，答疑。立足于学生自己解答疑难问题。

第五步，自测。学生根据定向提出的重点和难点，以及学习后的自我理解，自拟一组需要10分钟左右的自测题，由全班学生回答，自己评分、检查学习效果。

第六步，总结。每个学生总结自己学习的主要收获。教师在成绩优秀、中等、较差的学生中，选择有代表性的学生，讲述自己的学习过程和收获，使所获得的知识信息及时得到强化。

3. **浙江省金华一中的"学案教学法"**。金华一中于1997年秋在全国首次提出了一个用以帮助学生学习的、相对于教案的概念，即"学案"，并将借助学案进行教学的方法称为"学案教学法"。学案是指教师依据学生的认知水平、知识经验，为指导学生进行主动的知识建构而编制的学习方案。学案也可以有学生参与，让学生与教师一起共同编写完成。学案既不是教学内容的"拷贝"，也不是教师讲授要点的简单罗列，它一方面要帮助学生将新学的知识和已有的知识经验形成联结，为新知识的学习提供适当的附着点；另一方面也要帮助学生对新学的知识进行多方面的加工，以利于学生形成更为牢固的知识体系，另外还要指导学生掌握学习新知识的方式、方法。因此，学案实质上是教师用以帮助学生掌握教材内容、沟通学与教的桥梁，也是培养学生自主学习和建构知识能力的一种重要媒介，具有"导读、导听、导思、导做"的作用。

4. **江苏省东庐中学的"讲学稿"**。"讲学稿"根据学生的学来设计，既是学生的学案，又是教师的教案。学生的"学"与教师的"教"通过"讲学稿"这个载体合二为一了。"讲学稿"实际上是"给学生一个拐杖，让学生尝试自学"。它具有导学、导思、导练的功能，学什么、如何学、学到什么程度，在"讲学稿"中都有表述。教师可以充分利用"讲学稿"的特点，注重学生主动学习、坚持预习、独立思考、钻研问题等习惯的培养。"讲学稿"像一根主线贯穿教学全过程，正如该校校长陈康金所说的："在整个学习活动中，从前一天晚上的预习、自学到第二天课堂上的释疑、巩固，学生产生疑问，探究疑问，解决疑问的全过程都会在'讲学稿'上留下清晰的印记，教师可以据此随时检查、指导和调控。"除了教师的教案、学生的学案外，讲学稿还是学生的练习册。东庐中学的教师除了"讲学稿"上的题目外，原则上不允许再布置课外作业。对每份"讲学稿"，教师要做到有发必收，有收必改，有改必评。此外，学校对学生的成绩考评也紧紧围绕"讲学稿"。东庐中学测试或考试时，教师通常从"讲学稿"上选择题目，引导学生利用"讲学稿"进行复习，达到"学什么，教什么；学什么，考什么"的目标。学生每隔一定时间后将各科"讲学稿"进行归类整理和装订，就成为很好的复习资料。

在教学实践中，许多优秀教师总结出这样的教学过程：教——扶——放。按照我们实验的体会，这个转化过程可分为教读、导读和自读三个主要阶段：

第一阶段，教读阶段。这是实验的起始阶段。它的特点是：教师教读，学生仿读。教师教学生逐字、逐句地阅读，把课本读通、读懂。读通，即阅读后了解教材内容的概貌，理清教材内容的逻辑思路；读懂，即阅读后弄清教材每个术语、每个符号、每个公式、每句话的含义，理解例题解证的各个步骤或证明的各个环节。这一阶段的主要任务是让学生学会阅读，形成阅读、思考的习惯。

第二阶段，引读阶段。在这一阶段，教师的作用由讲转为引，教师着力于引导，而不是直接讲解。教师引导主要是通过设置阅读思考题来进行的，让学生带着疑问去阅读，这样不仅可以引导学生在重点、关键地方多分析、多思考，而且还可以帮助学生把握教材的重点，顺利通过难点。教师设置的问题要有启发性、概括性和针对性，能充分体现教材的重点和难点，形式应该是多种多样的，比如表格式、填空式、问答式等。阅读思考题一般可分为由浅入深的三个层次：字面理解层次的问题，解释层次的问题，批判或创造层次的问题。这一阶段的着眼点是培养学生的阅读理解和分析问题的能力。

第三阶段，自读阶段。这一阶段是"从扶到放"、"从教到学"的落脚点，学生基本上可以独立地进行学习了。它的标志是学生已经具备一定的阅读能力，已经能够进行独立阅读了，而且重要的是学生已经学会自己质疑问难，学会自己提问题。也就是说，学生已经由依赖阶段进入独立阶段了。而学生一旦进入独立阶段，就必须先学后教了，所以，先教后学与先学后教具有内在的联系。

这条规律告诉我们，新知识的教学必须基于学生的原有知识，所谓温故知新。没有"故"哪儿来"新"？这就是说，学生对新知识的学习是以旧知识为基础的，新知要么是在旧知识的基础上引申和发展起来的，要么是在旧知的基础上增加新的内容，或由旧知重新组织转化而成的。

第三条铁律："温故知新"——学会了才有兴趣

一切教学都必须从学生实际出发，根据学生的原有知识状况进行教学。这也是教学的一条规则、规律，而不是教学的一种方式、方法。泛泛来谈，这条规律似乎涵盖了前两条规律的内涵，但是，我们在这里要特别强调它的独特内涵和意蕴。美国著名教育心理学家奥苏伯尔曾经提出这样的命题："如果我不得不将所有的教育心理学原理还原为一句话的话，我将会说，影响学习的最重要因素是学生已经知道了什么，根据学生原有的知识状况进行教学。"

"根据学生原有的知识状况进行教学"，这是教育心理学对教学理论和教学实践最伟大的贡献。因为，只有如此，才能实现学生的有意义学习。奥苏伯尔告诉我们，有意义学习的先决条件是学习者原有认知结构中应具有可以用来同化新知识的适当观念。所谓"适当观念"是指能对新知识起"固着"或"拴住"作用的学生已经掌握的有关的概念、命题、表象和其他有意义的符号等。有意义学习的实质就是为语言文字符号所代表的新知识与学习者认知结构已有的适当观念建立起非人为的和实质性的联系。

有意义学习的过程可简单描述为：当学习材料本身具有逻辑意义，学生原有认知结构又具备适当观念时，学习材料对学生就构成了潜在意义；接着，学生积极主动地使这种具有潜在意义的新知识与头脑中的适当观念发生非人为性和实质性的联系，这种联系是理解和思维的本质。其结果，新知识被纳入到学习者的原有认知结构中去，获得了心理意义，真正内化为学生自己的知识、自己的"血肉"、自己的心理品质。而原有认知结构经过吸收新知识，自身也得到改造和重新组织。正因为如此，奥苏伯尔把有意义学习看成是认知结构的重新组织。

这条规律告诉我们，新知识的教学必须基于学生的原有知识，所谓"温故知新"。没有"故"哪来"新"？这就是说，学生对新知识的学习是以旧知识为基础的，新知要么是在旧知识的基础上引申和发展起来的，要么是在旧知的基础上增加新的内容，或由旧知重新组织转化而成的。

没有旧知识作为依托的新知学习只能是机械的学习、死记硬背的学习。从大的角度讲，教学必须从学生实际出发，从学生原有知识出发，循序渐进，这是大面积提高教学质量和防止学生学业失败的根本措施。从小的角度讲，每节课的教学必须帮助和引导学生找准与新知直接联系的旧知，并通过旧知去学习新知。

苏霍姆林斯基说得好："教给学生能借助已有的知识去获取新的知识，这是最高的教学技巧之所在。"这是实现有意义学习和培养学生学习信心的根本措施。但如果找不到合适的旧知怎么办呢？

奥苏伯尔建议我们采用"先行组织者"的教学策略。所谓"先行组织者"，就是在呈现正式的学习材料之前，先用学生能懂的语言，向学生介绍一些有关的引导性材料。这些材料比要学习的新材料更一般、更概括，并且与学习者认知结构中的原有知识也密切联系。它们充当着学习者由已知通向未来的"认知桥梁"，起着沟通的作用。

值得强调的是，不能狭隘理解所谓学生的"原有知识状况"、"原有的适当观念"。实际上，影响学生学习新知识的因素不仅包括学生已经掌握的书本的旧知识，而且还包括学生相关的经历、体验和生活常识、经验以及必要的思想方法和智力基础。学生原有的知识背景越丰富、方法能力基础越扎实，那么，新知识的学习就越容易、越深刻、越丰富。

温故知新的本质是化难为易。由于变容易了，学生就能学会。因为学会了，学生更容易激发学习的兴趣和信心。这样学习就能进入良性循环的机制：学会——兴趣——愿学——学会。相反，如果学生读不懂，学不会，就会越来越没兴趣，这样学习就进入了恶性循环：学不会——没兴趣——不愿学——学不会。这是这条规律的具体体现。

美国布卢姆的"掌握学习"和上海市闸北第八中学的"成功教育"是这条规律在教学实践中的创举。"掌握学习"的核心策略有以下三条：

第一，目标导向。"有效教学始于准确地知道需要达到的教学目标是什么。"清晰明确的目标使教学活动自始至终处于期望的、有目的的控制之中。目标导向使师生双方在教学过程中都有方向感，教学结束时都有达标感，这样就可避免传统教学由于目标模糊不清所带来的随意性和盲目性。

第二，反馈纠正。布卢姆强调指出，通过频繁反馈和按照每一个学生的需要因人而异地帮助进行纠正，可以及时弥补和纠正群体教学所必然带来的不足和误差。布卢姆和他的学生花了近十五年的时间证明，在掌握学习的条件下，各年级的多数教师能够利用反馈——纠正措施获得一个标准差的效果。

第三，循序渐进。布卢姆认为只要从每个学生的认知前提能力，包括前提知识、先决技能、初始能力出发，循序渐进，因人而异地提供每个学生所需要的指导和帮助，老师就能够帮助"笨"的、"学得慢"的、"智力落后"的学生像"聪明"的、"学得快"的、"有才能"的学生那样学习，而且学得一样好！所以最终的学业成绩的分布应该是"负偏态"的，多数人的分数将集中在成绩测量的高分一端。

"成功教育"的教学策略是"低，小，多，快"四字要诀。"低"即低起点,"小"即小步子,"多"即多活动,"快"即快反馈。这些策略的精神实质与"掌握学习"是相同的。

  显然,上述三条规律是有内在联系的,对各条规律的内涵的理解也不能简单化、绝对化。只有深刻全面地理解各条规律的内涵及其相互的关系,并创造性地在实践中加以落实,才能真正实现有效教学、优质教学。

第七讲 新课程教学改革成绩与问题反思

各位老师，今天，我们一起"盘点"一下新课程教学改革所取得的成绩，同时，对所出现的问题进行剖析、反思。

新课程的教学改革一方面取得可喜的成绩，另一方面也出现了不容忽视的问题。可以说，成绩与问题就像一个硬币的两面，是新课程教学改革过程中无法回避的矛盾的统一体。对于成绩，必须给予肯定。同样，对于问题，也必须给予正视。

我们从以下四个方面来分析和总结新课程教学改革的成绩与问题。

由于对三维目标的设计和操作缺乏理论指导和实践经验，在实施层面上便出现了教学目标的虚化现象。

第一方面：三维目标确立与教学目标虚化

新课程确立了知识和技能、过程和方法、情感态度和价值观三位一体的课程与教学目标，这是发展性教学的核心内涵，也是新课程推进素质教育的集中体现。任何割裂知识和技能、过程和方法、情感态度和价值观三位一体的教学都不能促进学生的发展。传统课堂教学只关注知识的接受和技能的训练，过程和方法、情感态度和价值观受到了冷落和忽视，这种教学在强化知识、技能的同时，从根本上失去了对人的生命存在及其发展的整体关怀，从而使学生成为被肢解的人，甚至被窒息的人。新课程的课堂教学则十分注重追求知识和技能、过程和方法、情感态度和价值观三个方面的有机整合，在知识教学的同时，关注过程方法和情感体验。突出表现在：第一，把过程和方法视为课堂教学的重要目标，从而从课程目标的高度突出了过程方法的地位：尽量让学生通过自己的阅读、探索、思考、观察、操作、想象、质疑和创新等丰富多彩的认识过程来获得知识，使结论和过程有机融合起来，知识和能力和谐发展。第二，关注学生的情绪生活和情感体验，努力使课堂教学过程成为学生一种愉悦的情绪生活和积极的情感体验；关注学生的道德生活和人格养成，努力使教学过程成为学生一种高尚的道德生活和丰富的人生体验。这种对人的情感和道德的普遍关注是传统的以知识为本位的课堂教学所难以想象，也难以企及的。参与实验的老师们都有了这样的意识和追求，用他们自己的话说："现在的课堂不能只有知识的授受，还要关心学生是怎么学会的，他们学的过程有什么样的体验。"这实在是了不起的进步。

但是，由于对三维目标的设计和操作缺乏理论指导和实践经验，在实施层面上便出现了教学目标的虚化现象。突出表现在：

第一，知识和技能目标，该实的不实。相对而言，知识、技能目标是三维目标中的基础性目标，对基础知识和基本技能的掌握是课堂教学的一项极其重要的常规性任务，它是教师钻研教材和设计教学过程首先必须明确的问题。然而由于认识上的片面和观念上的偏差，在不少课堂上，最应该明确的知识、技能目标，反而出现缺失或者变得含糊，一些课听下来总觉得心虚。我们不能像传统课堂那样只抓"双基"，但也绝不能走向另一个极端，放弃"双基"。"双基"毕竟是学生学习的重要"抓手"，也是过程和方法、情感态度和价值观的不可缺少的"物质"载体，因而是促进学生全面发展的重要平台。因此，每节课都应该让学生有实实在在的认知收获。

第二，过程和方法目标，出现了"游离"的现象。首先，由于"过程和方法"这一维度的目标，是以往课堂教学所忽略的新要求，因而一般教师设计这类目标的意识不强，有些教师是有明确的意识，却在设计和操作中明显地出现了"游离"现象——游离于知识和技能目标之外，游离于教学内容和教学任务之外，游离于学生发展之外，从而使过程和方法目标的价值丧失殆尽。

我们来看一个案例：

师：小朋友，怎样记"菜"字？

生：菜，上下结构，上面草字头，下面是"采"字，合起来是"菜"字。

师：还有其他方法吗？

生：菜，上面草字头，下面"彩色"的"彩"去掉三撇，合起来是"菜"字。

师：很好，还有其他方法吗？

生：菜，上面是"辛苦"的"苦"去掉"古"，下面是"彩色"的"彩"去掉三撇，合起来是"菜"字。

师：很好，还有其他方法吗？

生：菜，上面是"花"字去掉"化"字，下面是"彩色"的"彩"去掉三撇，合起来是"菜"字。

师：很好，还有其他方法吗？

……

学生们越记越复杂，越学越糊涂。这种为过程而过程、为方法而方法的教学失去了应有的价值。

第三，情感态度和价值观目标，出现了"贴标签"的现象。

凸显情感态度和价值观教育，是新课程的一个基本理念和基本特征，也是教学具有教育性规律在新课程中的体现。但是，这不意味着情感态度和价值观的教育是可以"独立"和"直接"进行的，情感态度和价值观只有与知识和技能、过程和方法融为一体，才有生命力。"情感态度和价值观就一门学科而言，是伴随着对该学科的知识技能的反思、批判与运用所实现的学生个性倾向性的提升"。

当前课堂上，一些教师脱离具体内容和特定情境，孤立地、人为地、机械生硬地进行情感态度和价值观教育。这种教育是空洞无力的，因而也是低效或无效。从教书育人的机制来看，情感态度和价值观的教育应是"随风潜入夜，润物细无声"式的，它主要通过学生的无意识心理机制发生作用。但是，现在却有教师像讲解知识要点一样，通过讲解，把情感态度和价值观直接"教"给学生。这种教育只是一种知识教育或技能教育，而不会成为有效的情感态度和价值观的教育，因而对学生的发展不可能有实际的作用。

总之，由于目标的多元化以及对目标的不恰当定位，教学中常常出现顾此失彼的现象。

由于对课程资源的开发和利用缺乏有效把握的经验，在实施层面上便出现了教学内容泛化的现象。

第二方面：课程资源开发与教学内容泛化

　　课程资源是本次课程改革的一个亮点。课程意识的确立和课程资源的开发使教学从内涵到外延都发生了实质性的变化。由于缺乏课程意识，在传统课堂教学中，教师往往把教材当成学生学习的唯一对象，小学6年的语文就是学懂12本书，数学就是会做12本书上的习题，为了达到这个目标，教师就"牵着学生的鼻子"去"钻"教材、学教材，甚至去背教学参考书。教材被神化了，被绝对化了，教学变成了教书。这是一种极其狭义的教学。

　　新课程改变了教师仅把课程当作教科书或科目的观念，教师不再是课本知识的可怜的解释者、课程的忠实执行者，而是与专家、学生等一起构建新课程的合作者。新课程的民主性、开放性、科学性，让教师找到了课程的感觉，形成了课程的意识。以教材为平台和依据，充分地挖掘、开放和利用各种课程资源，已经成为教师的一种自觉行为。教学中再也不以本为本，把教材作为"圣经"解读，而是注重对教材的补充、延伸、拓展、重组，并注重教材与社会生活和学生经验的联系和融合，同时鼓励学生对教材的质疑和超越。这是新课程的课堂极其普遍的现象。我们在听课时，经常会听到学生质疑教材的声音：我对教材有个建议，我对教材有个补充，我对教材有不同看法，我认为教材应……

与此同时，新课程突破了"课堂教学就是教室里上课"的传统观念。学生学习活动的空间不只局限于教室，而是拓展到生活和社会的各个领域，让学生到大自然中去，到社会实践中去学习；学生学习活动的对象也不只限于有字的教科书，而是延伸至整个自然界和社会这部活的"无字书"。"无字书"的内容十分广博、深奥。著名教育家陶行知先生说得好，"花草是活书。树木是活书。飞禽走兽小虫微生物是活书。山川湖海，风云雷雨，天体运行都是活书。活的人，活的问题，活的文化……活的世界，活的宇宙，活的变化，都是活的知识宝库，都是活的书"。这部宏大、深邃的"无字书"走进了新课程，成为学生阅读、思考、探究的对象。这是新课程十分可喜的变化。

但是，由于对课程资源的开发和利用缺乏有效把握的经验，在实施层面上便出现了教学内容泛化的现象。突出表现在以下四个方面：

一、教材受到了冷落

在新课程中，教材不再是一个封闭的、孤立的整体，而是开放的、完整的"课程资源"的有机组成部分。教材成为学生与他人、生活、社会、自然等发生联系的桥梁和纽带。有些专家据此把教材比喻为教学的"引子"，这是对传统教材观的超越。教材是引子，依然强调了教材的地位和作用。

超越教材的前提是基于教材，但是不少教师在课堂教学中却忽视了学生对文本的阅读理解，过早、过多地补充内容，海阔天空，甚至偏离文本大谈从网上查阅到的资料。教材受到了冷落，教学活动失去了认知的停靠点。

还有的教师片面强调教学与生活的联系，大量补充学生感兴趣的生活素材，对远离学生生活实际的内容进行删减或更换。比如一些学校大量增加民族文化或乡土文化内容，删除了不少反映现代文明成果和大都市的题材；有的山区学校回避大海和繁华的城市，教材中那些有关大海和城市的美丽词汇和精美插图本可以唤起学生对外面世界和未来生活的好奇与向往，但却被教师狭隘的"生活教育观"所扼制，学生失去了一次感受和认识世界的机会。

二、为了情境化而设置情境

设置适当的情境，赋予知识以鲜活的背景，使学生在把握知识来龙去脉的过程中获得情感的体验，更能体现知识的教育和人文价值。然而，情境设置必须自然地呈现这种紧密联系，而不能"为了情境化而设置情境"，我们来看一个案例：

某教师在讲"两步计算式题"时，课一开始，创设了去游乐园玩的情境。课件演示：两个学生乘车来到游乐园门口，遇到了"拦路虎"，要求学生闯过"迷宫"才能进门。教师充满激情地问："同学们有信心闯过吗？"

同学们异口同声地回答："有！"

课件显示迷宫图：把算式和正确的答案连起来，连对了就能走出迷宫——只有一题是两步式题，其余均为一步式题。学生顺利闯关后，教师表扬："真能干！"接着追问，"这些题目中哪一题是与众不同的？"从而揭示课题"两步计算式题"。

可以说，这种情境与教学内容并没有任何内在的实质性的联系，只是外加的一顶"高帽子"。

三、联系实际变成了一种装饰

加强教学与社会生产和生活实际的联系，是改善学生对知识和知识学习的情感体验与价值认同的必要途径之一。然而，教学内容所联系的实际，必须是真正的实际，而不是给知识教学所穿的一件"外衣"。一些课堂上，教师牵强附会地联系实际，反而妨碍了学生对知识的正确理解。具体表现在：

搜集和处理信息的形式主义。老师动不动就让学生搜集材料，这在语文课上表现得特别明显，只要课文中涉及某种风土人情，教师便让学生去开发相关的民俗风情资源；只要课文涉及某门学科的知识，便让学生进行所谓的延伸、拓展与整合。教学内容泛化，语文课成了"大杂烩课"、"大拼盘课"。这必将导致语文课变味，甚至变质。一些很简单明了的问题也让学生搜集材料，好像不这样就不是新课程了。实际上，这样做既不必要，学生也难以承受，造成了学生另一种形式的学习负担。

另一方面，老师只重视搜集材料，而不重视处理和利用材料。材料搜集到了，只是在课堂上展示一下，读一读，而没有加工、分析。这就是为了搜集材料而搜集材料的形式主义。

以上是课程资源开发过程中出现的种种误区，它们造成了教学内容的泛化，直接影响了教学质量。

本次课程改革坚持以人为本的指导思想，以弘扬人的主体性为宗旨，将实现学生充分的、有个性化的发展放到了突出的地位，尊重每一个学生做人的尊严和价值，关注每一个学生的个性差异，鼓励学生多样化、个性化的学习。应该说，无论从理念还是从实践角度说，这都是很了不起的进步。

第三方面：学生主体性的凸显与教师使命的缺失

本次课程改革坚持以人为本的指导思想，以弘扬人的主体性为宗旨，将实现学生充分的、有个性化的发展放到了突出的地位，尊重每一个学生做人的尊严和价值，关注每一个学生的个性差异，鼓励学生多样化、个性化的学习。应该说，无论从理念还是从实践角度说，这都是很了不起的进步。但是，这个过程中出现的问题也不容忽视，主要表现在三个方面：

一、强调了学生的独特见解（体验），却忽视了对文本的基本尊重

比如在数学课上，有十几种解题方法；在人文课程里，对文本有十几种理解，有的方法巧妙，有的较为繁琐；有的切中主旨、视角独特，而有的却是牵强附会、浅尝辄止，真可谓众说纷纭，而教师在此是听而不语，结果一节课下来，学生或是各执一词，不及其余，或是莫衷一是，无所适从。

应该说，教师在教学过程中，充分尊重学生在学习过程中的独特体

验，鼓励学生自由地、创造性地、个性化地解读文本，引导学生尽可能地提出自己的个人理解，富有个性地来把握这个世界的真谛和意义，这是培养学生创新精神和促进学生个性发展的重要策略。但是由于学生自身认识的局限性，从而不可避免地出现了各种主观性偏差，老师必须加以引导和纠正。我们来看一个案例，《司马光》一文的教学片断：

师：你们觉得司马光砸缸救人的做法好吗？

生：大家都慌了，有的去找大人，有的哭起来，只有司马光的办法又快又好。

生：我觉得司马光的办法不好，砸坏了公园的缸，又有可能把缸里的小朋友砸伤。

师：你们觉得第二位同学说得有道理吗？

生：对，小石头都会砸伤人，这么大的石头真的会把缸里的小朋友砸伤。

生：缸片飞出来，还会把外面的小朋友砸伤。这办法危险！

师：这几位小朋友真会动脑筋！

其实，这篇课文主要是赞扬司马光在危急时刻不慌不忙、急中生智、挺身救人的大智大勇，然而，这大智大勇的司马光却在老师的"纵容"中被群起而攻，批了个体无完肤，使大部分学生对人物的理解严重偏离了课文原意。

让我们再来看一组学生对文本主人公的解读与评价：《狐狸和乌鸦》——"狐狸很聪明！你看，它为了得到肉，很会动脑子"；《秦兵马俑》——"我觉得应该感谢秦始皇。如果秦始皇不为自己建造陵墓，就不会留下举世无双的兵马俑了"；《虎门销烟》——"林则徐没有环保意识！几百万斤烟渣冲入大海会造成多么严重的污染！石灰冲入大海，对大海动植物的危害更大！"这些脱离文本主旨，游离文本语境的天马行空式的"独特体验"，是对文本的误解，它不仅严重偏离、曲解了课文原意和教学本质，而且还出现了价值观的偏离，从根本上扭曲了学习的方向和实质。虽然"一千个读者心中有一千个哈姆雷特"，但"哈姆雷特"绝不会变成"彼拉多"！

因此，教师既要激励学生进行多元体验和多元理解，又要引导学生尊重人文主旨并追求共通见解，正确处理一元标准与多元解释、个性解读与文本原旨、独特认识与共性认识、多元文化与普遍价值的关系。这才是新课程理念的题中之意。

二、强调了学生的自主性，即自主建构，却忽视了教师的引导，即价值引领

新课程在强调学生自主性的教学实践中确实存在着忽视教师作用的"唯自主化"倾向，让学生自读课文、自定学习内容、自选学习方法等等，已经是当今阅读课上的"流行曲"。"你喜欢读哪一段就读哪一段"、"你想先学什么就学什么"、"你想怎么学就怎么学"、"不要紧，你想说什么就说什么"、"没关系，只要把你自己的看法说出来就行了"等等，已经成为教学中的常用语。各学科在实施自主学习过程中都或多或少存在着这些现象和问题，这是一种典型的只"赋权"而不"增能"的不负责的教学行为。它看似充分体现了学生的主体性，但实际上，因为教师作用的丧失，学生主体性的发挥受到他们自身水平的限制，致使他们的认知水平仍在原有的水平上徘徊。在这样的课堂上，展现的是学生肤浅的、表层的，甚至是虚假的主体性，失去的却是教师价值引导、智慧启迪、思维点拨等神圣的职责，这是导致课堂低效或无效的根本原因。

解决课堂教学有效性问题的关键在于，既要真正提升学生的主体性，又要努力发挥好教师引领的作用。教学过程是学生自主建构和教师价值引领相统一的过程，就算学生具备了一定的自主学习能力，教师的引领仍然是必要的。

"当学生遇到疑难时，教师要引导他们去思考；当学生的思路狭窄时，

教师要启发他们拓宽；当学生迷途时，教师要把他们引上正路；当学生无路时，教师要为他们铺路架桥；当学生'山重水复疑无路'时，教师要引导他们步入'柳暗花明又一村'的佳境。"一位语文教育专家也建议教师在课堂上"该出手时就出手"：当学生读得提不起精神的时候，老师应该调动学生读的欲望和兴趣；当学生读得印象浅薄、形象模糊的时候，老师要引领学生读得充分、读得细腻；当学生读不出文本的理趣、情味的时候，老师得点拨学生的思路、启迪学生的智慧、激活学生的想象。

教师的正确引领是保证学生学习方向性和有效性的重要前提。

三、强调了对学生的尊重、赏识，却忽视了对学生的正面教育

新课程强调尊重、赏识，其实质是强调教师要相信学生的发展潜力，要保护学生的自尊心，要尊重学生的人格尊严，要给学生创造一种宽松自由的成长氛围。

应该说，相对于传统教育对孩子吝于肯定、褒奖，过于严厉，新课程倡导尊重、赏识，这对于保护学生的自信心，激发学生的上进心，无疑是很有必要的，实践上也确实起到应有的作用。但是，强调对学生的尊重、赏识，并不意味着对学生要一味表扬。课堂上，经常听到一些教师对学生取得的一点成绩就大肆夸奖："你很聪明"、"你回答得最好"，这种过多的"廉价"奖励，过分注重形式，缺乏激励性，甚至会误导学生，以为自己的答案真的很好而沾沾自喜，习以为常，听不进不同意见，还可能导致学生浅尝辄止，不再探究，这是误导。

我们认为，正如一味惩罚并不可取一样，一味地夸奖学生同样弊大于利。对学生而言，过多的夸奖会导致"上瘾"，迷恋夸奖对学生发展绝对无益；同样过多的夸奖也会让学生习以为常，无动于衷，也起不到鼓励的作用。

完整的教学既需要表扬，又需要批评。一方面，教师要善于发现学生的思维闪光点，给予及时、适当的肯定和激励，让学生的积极性得以发

挥；另一方面，对学生的错误结论明确地加以纠正，使模糊的概念得到澄清，让学生对知识有新的认识，在否定之否定中提高自己的认识能力和思辨能力。一味批评或赏识都不利于学生健康成长。值得强调的是，正如表扬不是随意夸奖一样，批评亦绝不是压制、嘲弄，更不是心理虐待、歧视，让学生觉得难堪，打击孩子的自信心。

学习方式变革是本次课程改革的一个亮点。为了促进学生学习方式的转变，引导学生主动地、富有个性地学习，教师在教学过程中大胆改革传统教学方式，尝试新的教学方式，教学方式出现了多样化的景观。但不可否认的是，在多样化的背后，透露出浮躁、盲从和形式化倾向，学生内在的情感和思维并没有真正被激活。

第四方面：教学方式的多样化与教学过程的形式化

学习方式变革是本次课程改革的一个亮点。为了促进学生学习方式的变革，引导学生主动地、富有个性地学习，教师在教学过程中大胆改革传统教学方式，尝试新的教学方式，教学方式出现了多样化的景观，但不可否认的是，在多样化的背后，透露出浮躁、盲从和形式化倾向，学生内在的情感和思维并没有真正被激活。具体表现有以下五个方面：

第一，"对话"变成"问答"

对话，是时代精神的反映。

教学中的对话，是教师与学生以教材内容为"话题"或"谈资"，共同去生成和创造"文本"、去构造"意义"的过程。它包括"人与文本的对话"、"师生对话"和"自我对话"。

对话，既是一种精神，又是一种方法。从精神的角度说，它倡导平等、交往、互利和共同发展的理念，注重教学的开放性和生成性；从方法的角度说，它要求我们改变过去太多的"传话"和"独白"的方式，走向互动和交流，使"知识在对话中生成，在交流中重组，在共享中倍增"。

可以说，新课程所提倡的对话教学是对传统独白式教学的超越。但实践上，却有不少教师把对话等同于师生问答。实际上，发生在课堂上的有些师生问答，其实并非真正的教学对话。

第二，有活动却没体验

活动，对人的发展具有决定性意义，正如马克思所说："人类的特性恰恰就是自动自觉的活动。"

针对以往教学中过分夸大内隐的、观念的活动，而忽视了学生实践的、感性的、操作的活动的状况，新课程提出要赋予学生更多自主活动、实践活动、亲身体验的机会，以丰富学生的直接经验和感性认识，因而现在课堂上呈现了较多的外显活动，这是合理的、正常的。但当前的活动中有相当部分是散漫的、随意的、肤浅的、局限于表层的活动。活动缺乏明确的目的，"唯活动是瞻"、"为活动而活动"，出现了活动的形式化、浅层化和绝对化倾向。比如课堂上，学生一会儿忙活这、一会儿忙活那，教室里乱糟糟、闹哄哄，却美其名曰"动中学"。这种"活动"是外在多于内在，动手与动脑相脱节，目的性差，为活动而活动，有活动却没有体验，没有反思，活动的价值也就丧失殆尽。因此，当前应努力提高教师对活动的指导水平，将对活动形式的重视与对活动质量的重视有机结合起来，正确处理活动过程与活动结果的关系，使活动更加有效，有活动更有体验。

第三，合作有形式却无实质

新课程强调学生学习上的合作和交流。课堂上，学生之间的合作、交流变得频繁，给教学带来了清新的空气。但一些教师却片面追求课堂小组合作学习这一形式，对小组合作学习的目的、时机及过程没有进行认真的设计和指导，比如只要有疑问，无论难易，甚至一些毫无讨论价值的问题都要在小组里讨论；讨论时间又没保证，有时学生还没有进入合作学习的状态，小组合作学习就在教师的要求下结束了等等。教师在课堂小组合作学习中不是一个引导者而是一个仲裁者，教师只是按照既定的教学计划和教学设计，把学生往事先设计好的教学框架里"赶"。这是典型的应付式、被动式的讨论。

而学生方面，缺乏平等的沟通与交流，尤其是缺乏深层的交流和碰撞，结果往往是优秀者的意见和想法代替了小组其他成员的意见和想法，学习成绩差的学生成了陪衬，他们更多时候在当听众，即使他们发表了意见也不会受到重视，在小组汇报时成绩差些的学生的意见往往被忽视。

总之，当前不少课堂里小组合作学习处于一种自发阶段和随意状态，很多教师在应用小组合作学习这一组织形式时偏重形式，缺乏对其内涵的深刻认识和反思。

第四，课堂有温度却没有深度

在传统的封闭性教学中，"闷课"是较为普遍的现象。"闷课"的主要特征是，课堂气氛沉闷，教师照本宣科满堂灌，学生昏昏欲睡，课堂无欢声笑语，无思想交锋，思维呆滞。"闷课"的结果是摧毁学生的学习兴趣，扼杀学生的学习热情，抑制学生思维的发展。

新课堂与旧课堂的一个重要区别就是"活"起来了，课堂充满了生命活力，呈现出了生气勃勃的精神状态，思维空气浓厚，情理交融，师生互动，兴趣盎然。学生"小脸通红，小眼发光，小手直举，小嘴常开"。但是一些课堂虽有"温度"，却没有深度，虽然让人感受到热闹、喧哗，但极少让人怦然心动。究其原因，就是课堂缺少思维的力度和触及心灵深处的精神愉悦。更令人担心的是，有些教师非常自觉地拒绝这样的深度——精彩、深刻的讲授被视为不尊重学生，对课文的深入挖掘被当作应试的产物；宁愿要肤浅的热烈，也不要片刻的思维的沉静。

第五，有探究之形却无探究之实

在接受与探究的关系上，传统教学过分突出和强调接受和掌握，冷落和贬低发现和探究，使学生学习书本知识变成了仅仅是直接接受书本知识——死记硬背即为典型，学生学习纯粹成了被动接受、记忆的过程。这种学习窒息了人的思维和智力，摧残人的学习兴趣和热情。它不仅不能促进学生的发展，反而成为学生发展的阻力。基于此，新课程倡导和凸显探究学习。

探究学习作为一种学习方式，必须通过一定的"形"表现出来并加以实施。这里强调的是探究的程序，也是探究的载体，它表明探究学习要经历一个什么样的过程，先做什么，再做什么，后做什么。

现在一般认为组织学生探究学习和开展探究教学的基本步骤为：一、提出或生成问题；二、围绕问题，提出和形成假设；三、收集证据，形成解释；四、交流和评价。

这几个环节也可以看作是几个要素，它们是探究性学习和教学的基本标志，它们使探究性学习和教学有章可循。但是，如果只是按照环节和要素机械地设计教学活动，安排探究路线，然后组织学生按部就班地实践或经历探究过程的每一步，把学生直接引向所要获得的学习结果，这其中既没有学生对现象、事件和观点的质疑，对问题的自由性探索和观察实验的自主性设计，也没有教师对学生探索的智慧性启发和引导，那么，这种"探索"就会演变成对智力进行徒有形式的机械训练，而无法使学生体验探究学习的乐趣，迷失探究教学的方向，最终导致他们丧失学习科学的兴趣和热情。

探究学习不仅要模拟科学探究之"形"，更要渗透科学探究之"神"。

科学探究的精神主要表现在：一、好奇心；二、怀疑精神、批判精神；三、求证精神。

科学探究的"形"与"神"是相互依存的统一体，"形"是基础，"神"是灵魂，没有前者，后者就会失去载体，显得虚无缥缈，无从把握，实践上也难以操作，从而导致"探究"的泛化和虚化。缺乏后者，前者就会失去动力和方向，变成没有内涵和精神的"空壳"，从而导致"探究"的形式化和机械化。应该承认，这也是当前探究学习和教学实践中存在的突出问题。

我们认为，新课程教学改革所取得的成绩，一方面体现了新课程理念的先进性、正确性，另一方面反映了教师的实践智慧和改革热情。而新课程教学改革所产生的问题，一方面是由于对新课程理念的理解、领会出现了偏差，另一方面则是由于实施经验和能力不足而导致的失误。

对改革出现的问题需要用科学、理性的态度来审视，既不能把它绝对化，也不能置之不理。我们坚信，随着改革的不断深入，教师对新课程理念的把握将会越来越到位，越来越准确，与此同时，实施和驾驭新课程的能力和经验也会与日俱增，改革出现的问题将会随着改革的深化而得到有效的解决。

方向对了，总有达到目的地的一天。

第八讲 新课程学习方式的基本特性

各位老师，今天，我们一起学习、讨论新课程学习方式的基本特性问题。

新课程倡导新的学习方式，学习方式的变革是本次课程改革的显著特征和核心任务，但是，新课程学习方式并不是特指某一具体的方式或几种方式的总和。

从本质上讲，新课程学习方式是以弘扬人的主体性为宗旨，以促进人的可持续性发展为目的，由许多具体方式构成的多维度、具有不同层次结构的开放系统。所以重要的不是列举和强调各种新的学习方式，而是首先从总体上认识和把握新课程学习方式的基本特性。我们认为这种学习方式具有主动性、独立性、独特性、意义性、交往性、体验性、问题性和创新性等八大特性。下面，我们一一来讨论。

主动性，是新课程学习方式的首要特性。它对应于传统学习方式的被动性，二者在学生的具体学习活动中表现为"我要学"和"要我学"。

主动性

主动性，是新课程学习方式的首要特性。它对应于传统学习方式的被动性，二者在学生的具体学习活动中表现为"我要学"和"要我学"。

"我要学"，是基于学生对学习的一种内在需要；"要我学"则是基于外在的诱因和强制。

学生学习的内在需要一方面表现为学习兴趣。"学习兴趣"，是指一种带有强烈感情色彩的渴望获得知识的个性心理特征，是对个人学习活动的一种积极认识倾向和情绪状态。学生有了学习兴趣，学习活动对他来说就不是一种负担，而是一种享受，一种愉快的体验，学生会越学越想学，越学越爱学，有兴趣的学习事半功倍。相反，如果学生对学习不感兴趣，情况就大不相同了。"强扭的瓜不甜"，学生在逼迫的状态下被动地学习，学习的效果必定是事倍功半。

吴康宁先生深刻地指出："在国内，任何一个尊重事实的人都不能不承认，我们的儿童正普遍处于一种'受逼'学习的状态……儿童健康的、有活力的成长与发展有一个根本前提，那就是他必须处于一种主动的、自由的生存状态。"为此，让学习成为学生的一种精神需要，而不是一种外在的压力，改变学生的学习状态和学习体验，使儿童从"受逼"学习的状态中解脱出来，让学生变得爱读书、爱学习，便成为课程改革的头等大事和教学改革的首要任务。

另一方面表现为学习责任。"学习责任"是指学习者充分认识和体验到学习是个人对社会应尽的义务和责任。它表现为学习者对学习目标和意义的认识以及由此产生的对学习的积极态度和敬业精神。树立高度的学习责任心是自觉学习的前提。只有当学习的责任真正地从教师身上转移到学生身上，学生自觉地担负起学习的责任时，学生的学习才是一种真正的有效学习。

独立性，是新课程学习方式的核心特性。它对应于传统学习方式的依赖性。如果说主动性表现为"我要学"，那么独立性则表现为"我能学"。

独立性

独立性，是新课程学习方式的核心特性。它对应于传统学习方式的依赖性。如果说主动性表现为"我要学"，那么独立性则表现为"我能学"。每个学生，除有特殊原因的以外，都有相当强的潜在的和显在的独立学习能力。不仅如此，每个学生同时都有一种独立的要求，都有一种表现自己独立学习能力的欲望。他们在学校的整个学习过程也就是一个争取独立和日益独立的过程。

可以说，独立性是客观存在的、学生所普遍具有的一种根本特性。这种特性在学生的学习生活中，经常顽强地表现出来，是学生学习极重要的一种品质。低估、漠视学生的独立学习能力，忽视、压制学生的独立要求，从而导致学生独立性的不断丧失，这是传统教学的根本弊端。

新课程要求我们教师充分尊重学生的独立性，积极鼓励学生独立学习，并创造各种机会让学生独立学习，从而让学生发挥自己的独立性，培养独立学习的能力。值得强调的是，在基础教育阶段，对待学生的独立性和独立学习，还要有一种动态发展的观点，从教与学的关系来说，整个教学过程是一个"从教到学"的转化过程，也即从依赖到独立的过程。在这个过程中，教师的作用不断转化为学生的独立学习能力。随着学生独立学习能力的由弱到强、由小到大的增长和提高，教师的作用在量上也就发生了相反的变化，最后是学生基本甚至完全的独立。

每个学生都有自己独特的内心世界、精神世界和内在感受，有着不同于他人的观察、思考和解决问题的方式。

独特性

每个学生都有自己独特的内心世界、精神世界和内在感受，有着不同于他人的观察、思考和解决问题的方式。也就是说，学生有着独特的个性，每个学生的学习方式本质上都是其独特个性的体现。

实际上，有效的学习方式都是个性化的，没有放之四海而皆准的统一方式，对某个学生是有效的方式，对他人却未必如此。正如多元智能理论所指出的，每个人的智慧类型不一样，他们的思考方式、学习需要、学习优势、学习风格也不一样，因此每个人的具体学习方式是不同的。这意味着我们提倡转变学习方式，就要尊重每一个学生的独特个性和具体生活，为每个学生富有个性的发展创造空间。独特性因此成为新课程学习方式的重要特性。

独特性同时也意味着差异性。学生的学习客观上存在着个体差异，不同的学生在学习同一内容时，实际具备的认知基础和情感准备以及学习能力倾向的不同，决定了不同的学生对同样的内容和任务的学习速度、掌握它所需要的时间、所需要的帮助都不同。传统教学忽视学生学习的个体差异，要求所有学生在同样的时间内，运用同样的学习条件，以同样的学习速度掌握同样的学习内容，并要求达到同样的学习水平和质量。这种"一刀切"、"一锅煮"的做法，致使很多学生的学习不是从自己现有的基础出发，结果导致有些学生"吃不饱"，有些学生"吃不了"，有些学生根本不知从何"入口"。

新课程学习方式尊重学生的差异，并把它视为一种亟待开发和利用的教育教学资源，努力实现学生学习的个体化和教师指导的针对性。

有意义学习则是一种以思维为核心的理解性的学习。其特点是学生全身心地投入，身体的、心理的、认知的、情感的、逻辑的、直觉的，都和谐统一起来，其结果既是认识和能力的发展，又是情感和人格的完善。所以，有意义学习是一种发展人的学习。

意义性

意义性对应于传统学习方式的机械性。美国认知教育心理学家奥苏伯尔认为，有意义学习与机械学习两者在心理机制和条件上有本质的不同。机械学习的心理机制是联想，其产生的条件是刺激与反应接近、重复和强化等。有意义学习的心理机制是同化，其产生的条件有两个。第一，学习者原有认知结构中应具有可以用来同化新知识的适当观念。所谓"适当观念"是指能对新知识起"固着"或"拴住"作用的学生已经掌握的有关的概念、命题、表象和其他有意义的符号等。奥苏伯尔认为，这是决定学生有意义学习的第一要素。第二，学习者本人应具备有意义学习的心向。所谓"学习心向"是指学习者对学习活动的内部动机和心理倾向，是社会的、个人的，主观的、客观的需求在个体心理上的直接反映。在具体的学习活动中，有意义学习心向表现为学生乐于主动地把新知识与原有认知结构中的适当观念加以联系的倾向性。只有具备这两个条件，有意义学习才能产生，新旧知识才能建立起"非人为性"和"实质性"的联系。"非人为性"和"实质性"是奥苏伯尔用以划分有意义学习与机械学习的两条标准，据此，奥苏伯尔把有意义学习的实质概括为：语言文字符号所代表的新知识与学习者认知结构中已有的适当观念建立起非人为的和实质性的联系。

有意义学习的过程即新旧知识相互联系、相互作用的过程，心理学称为"同化"过程，这一过程可简单描述为：当学习材料本身具有逻辑意义，学生原有认知结构中又具备适当观念时，学习材料对学生就构成了潜在意义，接着，学生积极主动地使这种具有潜在意义的新知识与头脑中的适当观念发生非人为性和实质性的联系，这种联系是理解和思维的本质。其结果，新知识被纳入到学习者的原有认知结构中去，获得了心理意义，真正内化为学生自己的知识，自己的"血肉"，自己的心理品质。而原有认知结构经过吸收新知识，自身也得到改造和重新组织。正因为如此，奥苏伯尔也把有意义学习看成是认知结构的改造和重新组织。

意义性，是新课程学习方式必须具备的基本特性。从教学的实际情况来说，我们认为，机械学习是一种死记硬背的记忆性的学习，其特点是学生以听代思、机械模仿、不求甚解、唯师和唯书是上等等，其结果是学生只得到一大堆机械的、孤立的知识。这种知识没有内化，心理学称之为"假知"，它没有"活性"，不能迁移，更不能应用。

从应试教育观的角度来看，机械学习是学生在考试逼迫状态下的一种被动的学习，学生不仅在精神上觉得有负担，情绪上觉得苦闷，而且智力活动也变得死板、不通畅。这也就是为什么机械学习只能阻碍学生发展的根本原因。

有意义学习则是一种以思维为核心的理解性的学习。其特点是学生全身心地投入，身体的、心理的、认知的、情感的、逻辑的、直觉的，都和谐统一起来，其结果既是认识和能力的发展，又是情感和人格的完善。所以有意义学习是一种发展人的学习。

> 所谓交往，就是共在的主体之间的相互作用，相互交流，相互沟通，相互理解，这是人基本的存在方式。

交往性

学习不仅是一种个体获得知识和发展能力的认识过程，同时也是一种人与人之间的交往过程。所谓交往，就是共在的主体之间的相互作用，相互交流，相互沟通，相互理解，这是人基本的存在方式。人正是在交往中，在与他人的互动中生活着，并通过交往学习着生存所需要的知识、技能、经验等，形成积极的人生观和主动的生存方式，发展人之为人的一切方面，获得人的本质。

交往的认识意义表现在两个方面。第一，促使知识增值。"知识在对话中生成，在交流中重组，在共享中倍增。"学生通过交往，分享彼此的思考、经验和知识，丰富学习内容，求得新的发现。学习过程因此成为课程内容持续生成与转化、课程意义不断建构与提升的过程。第二，活跃学生思维。古人说得好："独学而无友，则孤陋而寡闻。"缺少交往的学习很难产生思维的碰撞和创造的火花。我再引用一句哲人的话："一个苹果跟一个苹果交换，得到的是一个；一个思想跟一个思想交换，得到的是两个，甚至更多。"学习中的交往和互动有助于激发灵感，产生新颖的观点、奇特的思路，从而增强思维的灵活性和广阔性。

交往的心理意义有二。第一，满足学生对归属感和影响力的需要。"归属感"和"影响力"是人的基本心理需要，对学生来说尤其如此。通过交往，获得他人的帮助和关心，满足了归属的需要；通过交往，为他人提供帮助和指导，满足了自己影响别人的需要。实践证明，只有满足学生对归属感和影响力的需要，他们才会感到学习的价值。第二，发展学生分享和利他性的品质。"分享"和"利他"，既是交往和合作的前提，又是其目的和归宿。心理学研究告诉我们，分享的产生有两个条件。其一，懂得什么是自己"所有"、"拥有"的，而且要爱惜属于自己的东西；其二，要能站在别人的角度，理解别人的愿望和心情，也就是心理学上说的"共情"或"移情"。真正的分享是一种利他性品质：在不获得任何个人利益的前提下，为了帮助别人，让别人享用属于自己的财物和智慧等。这些品质是一切道德的根基。只有通过真正的交往和合作，才能有效地培养这种品质。

只有基于交往和合作，学习才能成为学生高尚的道德生活和丰富的人生体验。这样，学科知识增长的过程，同时也就成为人格的健全与发展过程。伴随着学科知识的获得，学生变得越来越有爱心，越来越有同情心，越来越有责任感，越来越有教养。

这是新课程提倡合作学习的心理学依据。

体验，是指由身体性活动与直接经验而产生的感情和意识。体验使学习进入生命领域。

体验性

体验，是指由身体性活动与直接经验而产生的感情和意识。体验使学习进入生命领域。因为有了体验，知识的学习不再是仅仅属于认知、理性范畴，它已扩展到情感、生理和人格等领域。

体验性是新课程学习方式的突出特性，在实际的学习活动中，它表现为以下三个方面。第一，强调身体性参与。学习不仅要用自己的脑子思考，而且要用自己的眼睛看，用自己的耳朵听，用自己的嘴说话，用自己的手操作，即用自己的身体去亲自经历，用自己的心灵去亲自感悟。这不仅是理解知识的需要，更是激发学生生命活力，促进学生生命成长的需要。基于此，本次课程改革特别强调学生参与，强调"活动"，强调"操作"，强调"实践"，强调"考察"，强调"调查"，强调"探究"，强调"经历"。这里要特别强调手脑并用的学习意义。陶行知先生在《手脑相长歌》中写道："人生两个宝，双手与大脑。用脑不用手，快要被打倒。用手不用脑，饭也吃不饱。手脑都会用，才是开天辟地的大好佬。"

第二，重视直接经验。重视直接经验，从课程角度来说，就是要把学生的个人知识、直接经验、生活世界看成重要的课程资源，尊重"儿童文化"，发掘"童心"、"童趣"的课程价值。从学习角度来说，就是要把直接经验的改造、发展作为学习的重要目的。传统学习以间接经验为本位，把间接经验绝对化，过分冷落、忽视直接经验的地位和作用，直接经验成为"奴仆"，从而导致知识与能力的分离和脱节，知识成为外在的牵累，知识越多，心灵越干瘪。

新课程强调关注学生的学习兴趣和经验，注重把间接经验转化为直接经验，间接经验整合、充实、提升直接经验，使直接经验不断丰富、发展、升华，从而实现知识与能力的统一。

第三，重视感性因素。感性与理性是一对矛盾统一体。从心理学的角度谈，它们是指人的两种不同的心理机制与功能。感性是指人的感知、想象、情感、灵感、直觉等心理机制与功能。理性是指人运用概念进行推理、判断的心理机制与功能。从人类学的角度谈，它们是同时存在于现实生活中的人身上的两种因素。感性因素是指人的本能、欲望、感觉、情感等。理性因素是指人的理智、思考、抽象思维等。

感性和理性具备的不同特性和功能，决定了两者在人的身心发展中的不同作用和价值。对人的成长而言，两种因素都是不可或缺的，这是人性的丰富完满性的必然要求。为此，学习不仅要借助人的理性因素，同时也要发挥人的感性因素的作用。重理性、轻感性的学习只能造成对人性的"肢解"。传统学习缺乏人情味，缺乏对人的感性因素的刺激和满足，从而也使其自身丧失了应有的感染力和召唤力。

新课程则强调感性因素与理性因素的融合，使学习活动成为完整的心理活动。

> 问题是思想方法、知识积累和发展的逻辑力量,是生长新思想、新方法、新知识的种子。

问题性

问题是科学研究的出发点,是开启任何一门科学的钥匙。没有问题就不会有解释问题和解决问题的思想、方法和知识。所以说,问题是思想方法、知识积累和发展的逻辑力量,是生长新思想、新方法、新知识的种子。学生学习同样必须重视问题的作用。

现代教学论研究指出,从本质上讲,感知不是学习产生的根本原因,尽管学生学习是需要感知的,产生学习的根本原因是问题。没有问题也就难以诱发和激起求知欲,没有问题,感觉不到问题的存在,学生也就不会去深入思考,那么学习也就只能是表层和形式的。所以,新课程学习方式特别强调问题在学习活动中的重要性。

一方面,强调通过问题来进行学习,把问题看作是学习的动力、起点和贯穿学习过程的主线;另一方面,通过学习来生成问题,把学习过程看成是发现问题、提出问题、分析问题和解决问题的过程。

这里需要特别强调的是问题意识的形成和培养。"问题意识"是指问题成为学生感知和思维的对象,从而在学生心里造成一种悬而未决但又必须解决的求知状态。问题意识会激发学生强烈的学习愿望,从而使学生注意力高度集中,积极主动地投入学习。问题意识还可以激发学生勇于探索、创造和追求真理的科学精神。没有强烈的问题意识，就不可能激发学生认识的冲动性和思维的活跃性，更不可能激发学生的求异思维和创造思维。总之，问题意识是学生进行学习，特别是发现学习、探究学习、研究性学习的重要心理因素。

创新表现为突破和超越，它针对已有的东西，即书本上写的东西、教师讲的东西和学生自己已经掌握的东西。

创新性

创新表现为突破和超越，它针对已有的东西，即书本上写的东西、教师讲的东西和学生自己已经掌握的东西。"尽信书不如无书"，"当仁不让于师"，学生不唯书、不唯师，敢于和善于质疑、批判和超越书本和教师，这是创新素质的突出表现。学生不唯己、不守旧，敢于和善于打破已有知识经验的制约和思维定式的束缚，不断否定自我，更新自我，超越自我，另辟蹊径，独树一帜，这同样是创新素质的突出表现。

传统学习过分强调继承和掌握，又由于应试的强化作用，学生唯书、唯师，不敢越雷池一步，思维上墨守成规、循规蹈矩，人格上顺从听话、唯唯诺诺，从而造成了创新素质的极度缺乏。

新课程则鼓励创新，致力于把学生培养成为具有创新素质的人。

从意识的角度来说，创新性主要表现为怀疑精神、批判精神。具有怀疑精神的人有三个特点。其一，怀疑一切，排除偏见；其二，不迷信"永恒的真理"，不相信有绝对的权威；其三，不满足现状，执著追求。

在教育中，学生的怀疑精神突出表现为：不满足于现成的答案和说明，敢于对权威、对教材、对教师提出质问和怀疑。

培养学生怀疑批判精神，要特别注意克服理性霸权和教师权威的消极作用。理性霸权所孵化的"知识暴力"，挤压着学生的心理空间和精神空间，而来自教师权威的压力会导致学生丧失自信，最终使批判精神不能得以张扬和生发。

从能力的角度来说，创新性主要表现为求异思维、发散思维。求异思维是创新思维的重要特征之一，这个特征贯穿于创新活动的始终。思维的求异性是指人们在认识过程中着力于发掘客观事物的多样性和差异性、现象与本质、形式与内容之间的不一致性以及已有知识的局限性等，它主要以发散性思维方式来实现。发散思维的基本特征主要有：第一，流畅性。思路畅通、流利，能在短时间内发表较多的概念；第二，变通性。思考能变换角度，不限于某一个方面，能提出各种不同的解决问题的办法，富有迂回变化的思路等等；第三，独创性。反应与众不同，能提出聪明的解决办法，能产生不同凡响的效果。

培养学生求异思维，要特别注意引导学生克服对事物认识上的各种功能固着和思维定式、思维惰性。这种"惰性"突出表现为沿袭固有的处事惯例、权威意识和无批判意识等现象。

显然，上述八个特性不是截然分开的，而是相互联系、相互包含的。它们虽是从不同的角度提出的，却是一个有机的整体。我们必须从整体的高度来全面把握新课程学习方式的精神实质，只有这样，才能有效地促进学生学习方式的转变。

第九讲 校本研究的三个基本要素

各位老师，今天，我们一起学习、讨论校本研究的三个基本要素。

校本研究是以学校为研究的基地，以教师为研究的主体，以教师在教育教学实践中遇到的真实问题为研究对象的研究。它既是学校的一种研究制度，也是教师的一种研究方式。校本研究的目的在于让教师通过积极有效地开展教学研究活动，提高课程实施和教学实践的质量，同时实现教师的专业成长。校本研究既是实践新课程的需要，也是新课程顺利开展的制度保障，更是教师专业化成长和构筑学习型学校的有效途径。

学校是真正发生教育或进行教育的地方，是教育改革的基点。教育的中心和灵魂在学校。开展与新课程相适应的校本研究，是当前我国学校发展和教师成长的现实要求与紧迫任务，也是深化教学研究改革的方向和重点。

在校本研究中，教师个人、教师集体、专业研究人员是三个核心要素。教师个人的自我反思、教师集体的同伴互助、专业研究人员的专业引领是开展校本研究和促进教师专业化成长的三种基本力量,它们各自具有相对独立性,同时又相辅相成、相互补充、相互渗透、相互促进,形成了密不可分的三位一体关系。学校只有充分重视这三个基本要素及其相互间的关系,才能真正建立起以校为本的教学研究制度。自我反思、同伴互助、专业引领三足鼎立,在校本研究中扮演着重要的角色。下面为三者关系的示意图:

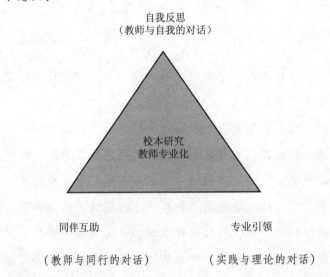

下面,我就和老师们谈一谈以F校为本的教学研究的基本要素。

反思本身就具有研究的性质，是校本研究最基本的力量和最普遍的形式，也是开展校本研究的基础和前提。校本研究只有转化为教师个人的自我意识和自觉自愿的行为，才能得到真正的落实和实施。

自我反思

一、内涵与实质

1. 自我反思的内涵

反思是教师以自己的职业活动为思考对象，对自己在职业中的行为以及由此产生的结果进行审视和分析的过程，不是一般意义上的"回顾"，而是反省、思考、探索和解决教育教学过程中各个方面存在的问题。反思本身就具有研究的性质，是校本研究最基本的力量和最普遍的形式，也是开展校本研究的基础和前提。校本研究只有转化为教师个人的自我意识和自觉自愿的行为，才能得到真正的落实和实施。

自我反思作为"教师专业发展和自我成长的核心因素"，是理论与实践之间的对话，也是实现这两者沟通的桥梁。它隐含着三个基本信念：

第一，教师是专业人员。这里的"专业"不是把所教的"学科内容"作为其专业表现，而是把教师的"教育行动与教育活动"视为其专业表现的领域。"对于专业人员来说，最难的问题不是应用新的理论知识，而是从经验中学习。学术知识对于专业工作是必需的，但又是远不够的。因此，专业人员必须培养从经验中学习和对自己的实践加以思考的能力"。①

第二，教师是发展中的个体，需要持续成长。教师作为专业人员，由"新手"成长为"专家型"教师，是需要过程的，而且这个过程是无止境的。终身学习是教师专业化的成长基础。

第三，教师即学习者与研究者。教师专业发展是"自我引导"的结果，因此，教师始终是一个持续的学习者。教师有能力对自己的"教育行动与教育活动"加以思索、研究、改进，由教师来研究改进自己的专业实际问题是最直接、最确切的方式。这里，强调的是教师自发的学习和研究，而不是在一种社会要求下的被动发展。

2. 自我反思的实质

（1）自我对话

人在生活、工作、学习中，都在不断地感受着，思考着，反省着，探索着，寻觅着。而这一切的进行，都离不开自我对话。弗洛伊德在他著名的精神分析理论中，将"我"分为本我、自我与超我，并认为人的心路历程就是由这三个"我"的相互冲突与矛盾所构成的。弗洛伊德的这一广为人知的理论，为我们分析人的心理现象提供了不少有益的启示。

在我们看来，这些"我"的相互冲突与矛盾，就是一种自我对话，是过去的"我"与今天的"我"、现实的"我"与理想的"我"的对话，是作为被观察者的"我"与作为观察者的"我"的对话，即"此我"与"彼我"的对话。而在校本教学研究的过程中，要求教师去感悟，去思考，在对话理念的关照下，实际上就是要求教师积极地开展自我对话。

必须注意的是，校本研究中教师进行的自我对话，不同于一般的自我对话，它要通过自我对话使教师不断地提升"自我"，完善"自我"。因此，校本研究中教师的自我对话，应该是一种趋向真善美的对话。

---

① 李·S·舒尔曼著，王幼英、刘捷编译：《理论、实践与教育的专业化》，《比较教育研究》1999 年第 3 期。

(2) 自我诘难

反思涉及到一系列相应的态度和德性。教师完成整个教学任务，实现教育目标，一方面需要以科学的理性态度和方法对教育教学的本质有深刻的理解，并在此基础上建立起观念理性和相应技术理性的结构体系。这自然必须对自己已有行为和习惯进行重新审视和考察，筛选并保存好的行为习惯，淘汰和改造坏的行为习惯。

另一方面，需要更宽泛的人的素质的提高。这要求教师认真地检讨自己的言行，在教学过程中是否表现了适当的谦恭、足够的勇气、公正的品质、豁达的胸怀、丰富的情愫，以及敏锐的判断力和丰富的想象力，是否有耐心、自知之明、亲切感和幽默感等等。

案例："留一只眼睛给自己"[①]

宫本武藏是日本历史上一流的剑客，柳生又寿郎拜他为师。学剑前，柳生就如何成为一流剑客请教老师："以我的资质，练多久才能成为一流剑客呢？"武藏说："至少10年。"

"我不能等那么久！"柳生急了，"我愿意下任何苦功去达成目的，甚至当你的仆人跟随你。那需要多久的时间？""那，也许需要20年。"武藏说。

柳生更着急了："如果我不惜任何辛苦，夜以继日地练剑，需要多少时间？"

"如果这样，你这辈子再没希望成为一流的剑客了。"

柳生心生疑惑："为什么我越努力，成为一流剑客的时间反而越长呢？"

"你的眼睛全都盯着'一流剑客'，哪里还有眼睛看你自己呢？"武藏平和地说，"要想成为一流剑客，就必须留一只眼睛给自己。一个剑客如果只注视剑道，不知道反观自我、不断反省自我，那他就永

[①] 陈惠芳：《教育随笔：改变教师的行走方式》，《人民教育》2004年第7期。

远成为不了一流的剑客。"

学剑如此,教学也是如此!如果一位教师只顾埋头拉车,默默耕耘,从不抬头看路,也不反思回顾,那么,充其量他只能成为一个地道的"教书匠",而永远无法实现自我发展和真正的超越。

对教师来说,自我反思就是"留一只眼睛给自己"。

上完一堂课后,静静地坐在办公桌前,从容地整理自己的教学思路,清理自己的教学行为,总结自己的教学得失,捕捉课堂教学的某个细节,及时记下课堂中精彩的小插曲或倏忽而至的灵感。

面对纷纭的教育现象,即使别人习以为常,也要问问自己:"为什么会这样?我和别人有什么不一样的看法?我的观点是否轻易地被别人左右了?在这个问题或现象的背后还隐藏着什么?"顺着思,反着想,整体思,局部想,从多个角度或换个角度看问题。

二、形式与内容

教师反思什么与教师的工作实践范围有关,教师自我反思的内容是多方面的,大致可以分为以下三类:

(1)指向行为、观念及其角色层面的反思,即教师对自己的教育教学行为表现及其背后的隐性观念和角色假定进行反思和分析。

(2)指向设计、实施及其结果层面的反思,即教师对自己的教育教学设计(方案)及其实施过程和实施结果进行反思和分析。

(3)指向个性、风格、机智及其智慧层面的反思,即教师对自己的教育教学个性、独特性、智慧和机智表现进行反思和分析。

反思作为一种思维方式总是按照一定的方向和过程展开的。就教学工作来说,我们可以依据反思所涉及的教学的进程,将教学的反思分为教学前、教学中、教学后三个阶段。

第一个阶段,在教学前进行反思。这种反思具有前瞻性,能使教学成为一种自觉的实践,并有效地提高教师的教学预测和分析能力。

第二个阶段，在教学中进行反思，即及时、自动地在行动过程中反思。这种反思具有监控性，能使教学高质高效地进行，并有助于提高教师的教学调控和应变能力。

第三个阶段，教学后的反思，即有批判地在行动结束后进行反思。这种反思具有批判性，能使教学经验理论化，并有助于提高教师的教学总结能力和评价能力。

这三个阶段构成了教师教学反思研究的基本过程，对改造和提升教师的教学经验具有重要的意义。正如人们所说的，"经验＋反思＝成长"。教师只有意识到自己的教学经验的局限性并经过反思使之得到调整和重组，才能在提高教学效能的同时，实现自己的专业成长。

教师的自我反思可以从教学实践、理论学习、相互借鉴三个层面展开。[①]

（1）在教学实践中自我反思

教师在每一堂课结束后，要进行认真的自我反思，思考哪些教学设计取得了预期的效果，哪些精彩片断值得仔细咀嚼，哪些突发问题让自己措手不及，哪些环节的掌握有待今后改进等等。同时，认真进行反思记录，主要记录三点：①总结成功的经验。每堂课总有成功之处，教师要做教学的有心人，坚持把这种成功之处记录下来并长期积累，教学经验自然日益丰富。这有助于教师形成自己的教学风格。②查找失败的原因。无论课堂的设计如何完善，教学实践多么成功，也不可能十全十美，难免有疏漏之处，甚至出现知识性错误等。课后要静下心来，认真反思，仔细分析，查找根源，寻求对策，以免重犯，使教学日臻完善。③记录学生情况。教师要善于观察和捕捉学生的反馈信息，把学生在学习中遇到的困难和普遍存在的问题记录下来，以利于有针对性地改进教学。同时，学生在课堂上发

---

① 卓士学：《略论教师课堂教学的自我反思》(http://www.mathcn.com/Article/lunwen/lunwen/200503/497.html)。

表的独到见解，亦可拓宽教师的教学思路，及时记录在案，师生相互学习，可以实现教学相长。

（2）在理论学习中自我反思

教师要如饥似渴地学习和研究先进的教育教学理论，并自觉地运用理论反思自己的教学实践，指导自己的教学活动，在学习中深刻反思，认真消化，并付诸实践。先进的理论往往能让我们感受到"山重水复疑无路，柳暗花明又一村"，使我们的教学进入新的境界。没有深厚的理论素养和丰富的知识储备，是不能登堂入室，达到高屋建瓴的教学境界的。苏霍姆林斯基就这样要求他的教师，"读书，每天不间断地读书"，"不断补充其知识的大海"，他认为，这样"衬托学校教科书的背景就宽了"，课堂教学效率的提高就更明显。

（3）在相互借鉴中自我反思

教师之间，多开展相互听课、观摩的活动，不但可以避免闭目塞听、孤芳自赏而成为"井底之蛙"，而且能够使我们站在"巨人的肩膀"上高瞻远瞩。只要有可能，不要放过听课的机会，不要放过评课研讨的机会。除了要多争取观摩别人的课堂教学，还要研究特级教师、优秀教师的课堂实录。从课堂结构、教学方法、语言表达、板书设计、学生情况、教学效果等各方面，客观、公正地评价其得失。教师对所听和观摩的每一堂课都要思考、探讨、研究，并用以反思自己的教学，进行合理扬弃，萃取精华，储存内化，从而走向创新。

三、方法与策略

1. 内省式反思

所谓内省式反思，即通过自我反省的方式来进行反思，可用反思日记、课后备课、成长自传等方法。

内省式反思，意味着教师开始以自己的生命经历为背景去反观自己、观察世界，内在地承受着对自己的言行给出合理解释的思想压力，从而促使教师进入沉静思考的层面，倾听自己内心深处的声音，站在自己的角度反思和挖掘自我，生成自己的智慧，激发出许多自己平日难以料想的"洞见"。这就意味着教师开始不再依赖别人的思想而生活了。

反思日记，即对一天中所发生的各种教育行为进行记录，并初步分析收获与不足，以便改进工作，扬长避短。课后备课，即课后根据教学中所获得的反馈信息进一步修改和完善教案，以明确课堂教学改进的方向和措施。成长自传，即教师对自己成长经历的描述和分析，内容包括成长的主要阶段、各阶段的主要事件及其起因和影响等，是一种比较系统、细致的反思方法。

2. 交流式反思

所谓交流式反思，即通过与他人的交流来进行反思，可用观摩交流、学生反馈、专家会诊和微格教学等方法。

反思尽管表面上看是一种个体的活动，却依赖一个群体的支持，它不仅要求教师自己有一个主动、负责、全心全意的心态，同时也要求有一个信任、合作、协作的环境。

观摩交流，即教师之间相互观摩，分析、交流观摩到的情境，提出问题，共同研究解决问题的方案。学生反馈，即教师从学生那里了解自己教育教学的效果，以便更好地改进自己的工作，使之达到学生期望的结果。

专家会诊，即专业研究人员、学校领导、教师同行定期对教师进行教育教学会诊，从中发现教师教育教学工作中的不足，并通过共同研究来解决问题。

微格教学，即以少数学生、教师或专家为对象，在较短的时间内尝试小型的课堂教学，并把教学过程制成录像，课后反复观看、交流，积极听取他人意见和建议。

3. 学习式反思

所谓学习式反思，即通过理论学习或通过与理论对照进行反思。理论学习，即教师系统学习理论，从而深刻理解和把握教育真谛，树立全新教育理念，并对自己已有的教育理念和行为进行反思。与理论对照，即教师用相关理论自觉地审查自己的教育理念和行为，从而矫正自身的理念与行为，并使之符合理论要求。

4. 研究式反思

所谓研究式反思，即通过教育教学研究来进行反思。教师可以用先进的教育教学理论为指导，对教育教学过程进行调查、观察、实验和总结，从而探索出有助于学生发展的教育教学模式、内容和方法，也可以以本校、本班出现的实际问题为研究对象，以解决这些问题为目标，进而不断改进教育教学工作。

为了提高反思的效果，有两种常用的反思策略（手段）可借鉴。一是问题单。问题单是指教师为了对自己教学实践的某些方面进行自我观察、自我监控和自我评价而使用的一种问题调查表；二是录音或录像。教学录音或录像不仅可以为教师提供更加详尽的教学活动记录，而且可以帮助教师认识真实的自我或者隐性的自我。虽然教学录像可以更全面地记录课堂行为，但是在实践中操作难度较大。相比较而言，课堂录音更简捷、更实用。教师通过对所收集的数据进行系统的、客观的、理性的反思，分析行为或现象的形成原因，探索合理的对应策略，从而使自己的教学更加有效。

四、意义与条件

1. 自我反思的意义

（1）提高教学工作的自主性

反思总是指向自我的，它要求把自己看作是反思的对象，同时也是反思的承担者。教师反思过程实际上是使教师在整个教育教学活动中充分地体现双重角色：既是引导者又是评论者，既是教育者又是受教育者。因此，教师反思过程实际上是将"学会教学"与"学会学习"统一起来，努力提升教学实践的合理性，使自己成为"学者型教师"的过程。

过去的教师处在被研究者地位，现在教师要成为研究者，成为反思型的实践者。教师不仅要成为教学的主体，而且要成为教学研究的主体，把自己作为研究的对象，研究自己的教学观念和实践，反思自己的教学实践，反思自己的教学观念、教学行为以及教学效果。通过反思和研究，教师不断更新教学观念，改善教学行为，提升教学水平，同时形成自己对教学现象、教学问题的独立思考和创造性见解，使自己真正成为教学和教学研究的主人，提高教学工作的自主性和目的性，克服被动性、盲目性。

实践证明，教学与研究相结合，教学与反思相结合，还可以帮助教师在劳动中获得理性的升华和情感上的愉悦，提升自己的精神境界和思维品质，从而改变教师自己的生活方式，使教师体会到自己存在的价值与意义。

（2）提高教学经验的质量

自我反思有助于改造和提升教师的教学经验。许多研究表明，教师自身的经验和反思是教师教学专业知识和能力的最重要的来源。没有经过反思的经验是狭隘的经验，意识不浓，理解不透，系统性不强，它只能形成肤浅的认识，并容易导致教师产生封闭的心态，从而无助于甚至阻碍教师的专业成长。

只有经过反思，使原始的经验不断地处于被审视、被修正、被强化、被否定等思维加工中，去粗取精，去伪存真。这样经验才会得到提炼，得到升华，从而成为一种开放性的系统和理性的力量。唯其如此，经验才能成为促进教师专业成长的有力杠杆。

新课程对教师的传统教学经验提出了全新的挑战，经验反思的重要性也因此被提到了前所未有的高度。但是，只有教师自己才能改变自己，只有教师意识到自己的教学经验及其局限性，并经过反思使之得到调整和重组，才能形成符合新课程理念要求的先进教学观念和个人化教育哲学，从而使自己的教学质量得到真正的提高。

（3）形成优良的职业品质

反思不是一种能够被简单地包扎起来供教师运用的技术，而是一种面对问题和反思问题的主人翁方式。反思涉及直觉、情绪和激情。在反思行为中,理性和情绪交织其中,三种态度——虚心、责任感和全心全意是反思行为的有机组成部分。教师形成反思意识,养成反思习惯,本身就是对事业、对学生、对自己的责任感。它有助于形成教师爱岗敬业、虚心好学、自我否定、追求完美等优良的职业品质。

（4）促进缄默知识显性化

教师拥有的缄默知识体现出高度个体化、不易言传和模仿的特点。它深置于教师个人的行动和经验之中,包括融于教育教学中非正式的、难以明确表达的技能、技巧、经验和诀窍。这些是与教师个人经验、行为和工作内容紧密相关的,是教师在长期的教育教学中积累和创造的结果。

教师个体拥有的这种缄默知识体现为教师在教书育人中的直觉、灵感、信念、洞察力、价值观和心智模式等,它与教师的性格、个人经历、修养等因素有着密切的关系。

教师的缄默知识是一份极其宝贵的教育财产。通过对话和反思,让缄默知识"说话和发声",这是一个将缄默知识转化为显在知识的过程。个体通过相互的交流、对话、讨论、分析,使个体的缄默知识转化为团体共同的术语和概念,个体享有他人的缄默知识的同时,也促进了个体对自己的缄默知识的反思,从而达成对知识的共同理解。

2. 自我反思的前提与条件

教师的成长过程也就是不断反思、重构自己对教育教学理论与实践基本看法的过程。让教师真正意识并切身体会到反思对其专业发展的意义,对于督促教师自觉进行反思、养成良好的反思习惯具有重要意义。

责任感是教师自觉进行反思的前提。责任感是师德的核心,是教师持续发展的基础。只有增强责任感,教师才能在没有外界压力的情况下自觉反思,才能把反思与履行好自己的角色义务联系在一起,才能把个人专业发展与教育的终极目标联系在一起,从而不断提高自己的反思能力,成为批判反思型教师。

顽强意志是教师坚持进行反思的保证。反思需要勇气和毅力，因为反思是把自身作为反思对象，是对自己的剖析甚至否定，同时反思还是一份艰苦细致、劳神费力的工作。这就要求教师具有反思的勇气和顽强的意志，能够自觉地、积极地、持续不断地思考自己的理念和行动，即使不令人满意或非常痛苦也应坚持不懈。正如杜威所言："只有人们心甘情愿地忍受疑难的困惑，不辞劳苦地进行探究，他才可能有反思的思维。"

同时，教师开展校本研究，光靠自己的反思与观察还是不够的，因为一方面教师对自己的行为的洞察是有限的；另一方面，教师有"当局者迷"的一面，他们在开展的反思活动中，还会囿于自己的思维，难以跳出自己的思维定式。

教师要真正意识到自己的教学行为，开展有效的教学研究，还需要教育行政部门、专业研究人员、学校领导和其他教师及管理人员的引导、支持与合作。良好的反思氛围是教师深入进行反思的必要条件。没有这种引导、支持与合作，教师的反思将难以深入开展，或者浅尝辄止，或者半途而废，或者不得其法。因此，营造一个支持性的环境对养成教师的反思习惯大有裨益。有关这一内容，我们将在"专业引领"这一讲中再作讨论。

教师互助合作是校本研究的标志和灵魂。仅有教师的自我反思是远远不够的，教师的职业发展需要教师在思想、观念、教学模式、教学方法上的交流，需要相互间的合作。

同伴互助

同伴互助，形成教师集体的合作文化，是校本研究的一项重要内容。学校作为教师群体的文化，同伴的支持是教师在教学实践中能够得到的最便利、最快速、最直接的帮助，对提高自己的教学素养和解决实际教学问题有着重要的意义。

我国素有集体主义的意识和传统，教师之间开展互助有着坚实的历史基础。早在50年代，我国就逐步建立了中小学的学科教研组制度。在同年级建立备课组（即年级组），每门学科各个不同年级的备课组共同组成该学科的教学教研组。各省（市）和县（区）也建立了相应的教研室，由此形成了一个纵（学科教研组）、横（年级备课组）结合的统一的教学研究管理系统。这一制度的背后就渗透着同伴互助的理念，只是不够系统，也没有专称。

随着"教师即研究者"的观念越来越被人们认同和课程改革的不断深入，教师在教育教学研究中的作用日益受到重视，以教师为主体的校本教研正在走进学校，与教师的专业发展融为一体。同伴互助作为校本教研的实施途径之一也被更多教师采用和认可。当前，我国学校中教师之间同伴互助的合作文化正在新课改的背景下获得新生。2001年的一项调查显示，约有83%的教师表示经常与同事进行教学交流。2003年的另一项调查也表明，约有80%的教师认为自课改以来与同事的交流明显增加。①

一、内涵和意义

1. 同伴互助的内涵

教师互助合作是校本研究的标志和灵魂。仅有教师的自我反思是远远不够的，教师的职业发展需要教师在思想、观念、教学模式、教学方法上的交流，需要相互间的合作。

所谓同伴互助，是指在两个或两个以上教师间发生的、以专业发展为指向、通过多种手段开展的，旨在实现教师持续主动地自我提升、相互合作并共同进步的教学研究活动。② 它意味着具有一定身份如职称、教龄、学科、地位的教师结成伙伴关系，共同工作，通过各种方式，如共同阅读与讨论、观摩教学、课例研究，特别是有系统的课堂观察与反馈等，学习并彼此分享新知识、改进教学策略，进而提高教学质量，促进自身的专业发展。③

互助合作可以贯穿到教学活动的所有环节，如备课、说课、上课、议课等，也可以体现在包括研究在内的其他各种活动中。同伴互助的参与主体是教师，从类别上看，同伴不仅仅是指同一个学校的同事，而且也包括跨校的同行。在网络化时代，对同伴概念进行扩展性理解是十分重要的。从数量上看，参与互助的教师可以是两个，也可以是多个。教师组合上可以是同一科类的教师组合，也可以是不同科类的教师组合，比如语文教师可以与同学科的教师组合，也可以跟其他学科的教师组合；新教师可以与老教师或辅导教师组成一组，也可以新教师之间相互组合等。

教师还可以选择校外成员，如教育行政机构的教研员、大学院校的教

---

① 董立平、刘光林：《略谈校本教研中的同伴互助》，《山东教育》2004年第3期。
② 朱宁波：《校本教研中的教师同伴互助》，《教育科学》2005年第5期。
③ 崔允漷：《指向专业发展的教师同伴互导》，《当代教育科学》2005年第20期。

育专家，组成合作组等。无论什么样的组合，其最基本的规则是双方自愿，地位平等。双方的合作关系是互助，不存在主次之分，互惠互利，共同进步。在互助合作中，教师们可共同备课、说课，互相听课、评课，互相交流意见和看法，一起分析问题，一起制定行动方案，共同执行方案，共同开展研究，共同解决问题。

同伴互助是教师在自我反思的同时开放自己的过程。在这一过程中，教师通过与同伴的专业切磋、协调合作，彼此互相学习，共同分享经验，实现共同成长。其实质是教师作为专业人员之间的对话、互动与合作①。同时，教师同伴互助也是一种"为教师所有"，"为教师所参与"及"为教师所享"的过程，并在这一过程中达到提高教学质量和实现教师专业发展的目的。② 就内涵而言，校本研究不同于师本研究。所谓师本研究，即教师凭个人兴趣、爱好所开展的研究，或单个教师针对自己教育教学中面临的问题进行的研究。校本研究是在学校层面上展开的，是学校行为。一方面校本研究致力于解决学校层面所面临的问题，即教师所碰到的共性问题；另一方面校本研究也不是靠个人的力量就可以完全做得到的，它需要借助团体的力量。所以，校本研究是靠团体的力量来从事的研究活动，具有集体协作与合作的性质。

就机制而言，校本研究必须通过教师集体发挥作用，唯有教师集体参与的研究，才能形成一种研究的氛围，一种研究的文化，成为学校教师共同的一种生活方式。这样的研究才能真正提升学校的教育能力以及解决问题的能力。只停留在教师个体身上的研究，虽然教学行为也会产生一时的变化，但这种变化难以持久，也难以从个别教师的行为转化为群体教师的行为。研究虽然开展了，但大部分教师的行为却依然故我，学校依然如旧。

---

① 余文森：《论以校为本的教学研究》，《教育研究》2003 年第 4 期。
② 朱宁波：《校本教研中的教师同伴互助》，《教育科学》2005 年第 5 期。

在许多人眼里,学校中的关系规范是个人的、竞争的互动模式,教书一直被称为"一种孤独的职业"。教师只有同辈,没有同事,更缺少同事情谊。教师职业的孤独限制了他们吸收新的思想和交流有益的经验,使得教师无法获得较好的改进方法,导致形成保守性和对改革的抵触。

为此,要切实改造学校教育的情境,使学校真正成为一个民主的、开放的学习研讨领域,其中尤其要加以强调的是教师集体内部的专业争论。特别是一些有威信的学校领导和有威望的老教师,更要注意对不同思想、不同观念、不同行为的支持。合作文化的建立,需要重塑教师间的人际关系,应建立关怀的、信赖的和有共同目的的关系规范,要增加同事间的对话、讨论、交流和协商。同事间应合作起来,共同开发课程,研究教学,共享经验和理念,将合作精神和同事情谊体现于每天的教学生活中,互助合作就可带来教师精神面貌和学校文化的改变。教师休息室变成了"教研室"的事例充分说明了这一点。

> 一位实验区中学校长感慨地说,随着校本教研制度的建立,我校的教师休息室也逐渐变样了。随时都可见许多教师聚在休息室谈课改,谈学生,谈教师,谈反思。刚开始时,主要是课改实验年段教师,慢慢地学校领导、非实验年段教师也参与了。有时也有学生参与,不过不再是教师对他们的批评、惩罚,而是谈心、交流。再也没有教师把休息室当成聊天室,难怪有许多教师说休息室怎么变成"教研室"了!

2. 同伴互助的意义

同伴互助可以让教师结成互助合作小组,充分发挥教师集体的力量与智慧,更好地探索新的教育教学规律和改进教育教学实践的质量,更好地全面实施素质教育和创新教育。同伴互助具有多种优势和作用。

首先,同伴互助有利于探索并解决较复杂的教育教学实际问题。基础教育课程改革给教育教学实践提出了许多新要求,社会的发展也提出要对学生进行全面的素质教育和创新能力培养。要解决这些问题，完成这些任务，必须依靠教师群体通力合作，进行研究和探索，并在教育教学实践中注意通盘考虑，协调一致，互相配合与衔接。

其次，同伴互助有助于提升教育教学质量。教师的教学工作如果处于孤立隔绝的状态，就必然存在很多不为任教者本人所认识的"盲点"。虽然教师可以通过个人反思解决一些问题，但由于经验和视野的限制，很多问题不是教师自己能够认识到的。同伴互助时，有些问题就较容易为他人所发现。同样，教师的优点和长处也容易被他人发现。在教学评议和研究过程中，教师可以相互帮助、互相配合、取长补短。在合作中，不断改进自己的教学理念和行为，真正达到改善和提高教育教学质量的目的。

再次，同伴互助可以更有效地促进教师个人和集体的共同成长。在促进教师专业成长的有效方式中，同伴互助是最便捷、最持久又最现实的一种方式。同伴互助可以使教师通过与他人的思想碰撞和经验交流，获得多方面的启示以及对专业问题和经验更深刻、更全面的认识，实现自己的经验和理论水平的提高，加速自身的专业成长。同时，也让整个教师集体在专业发展的道路上不断前行。

最后，同伴互助下所进行的研究，其推广价值和效益也比较大。由于在同伴互助方式下，所选的研究课题通常具有一定的普遍意义，制定的研究方案也由于集体的智慧而较为周密稳当，研究结论和成果也已经过多人确认。因此，研究的结论和效果不仅能在参与研究的教师所执教的班级中适用，还可以在相似的其他学校、学科、年级中进行推广。这无疑提高了研究的推广效度，使其具有更大的利用价值和效益。这在教育经费和教育资源比较匮乏的我国，有着非常现实的意义，并将产生深远影响。

二、途径与方式

同伴互助的途径与方式是教师们在自己的教学实践中创生的，途径与方式的多少与类别本身就是教师们共同协作的智慧产物。一般包含以下几种。①

1. **对话**

对话主要指教师之间的经验和信息的相互交流。主要包括信息交流、经验共享、深度会谈（课改沙龙）、专题讨论（辩论）四种方式。其中，前两者属浅层次的交谈，后两者属深层次的交谈。此外，也包括以信息发布会、读书汇报会、经验交流或经验总结会等途径开展的各种专业交流活动。

（1）信息交流。教师通过彼此间信息的交流，可以最大范围地促进教育信息的流动，从而扩大和丰富教师的信息量和各种认识。尤其是在网络时代，教师完全可以借助网络，突破校园的界限，实现跨地区的同行交流。

（2）经验共享。教师通过经验共享，反思和提升自己的经验，借鉴和吸收他人的经验。浅层次的交谈主要是交换信息和经验共享，信息和经验只有在流动中，才能被激活，才能实现增值。而教师也只有不断从伙伴中获得信息，借鉴和吸取经验，才会少走弯路，踏上成长的快速通道。

（3）深度会谈（课改沙龙）。深度会谈可以是有主题的，也可以是无主题的，关键在于教师之间要有非常真诚的人际关系，彼此信任，互相协作。只有这样，才能无拘无束地发表意见，产生思维的互动。这是一个自由的、开放的、发散的"对话"过程。它有时能使教师把深藏于心的甚至连自己都意识不到的看法、思想、智慧展示出来，表达出来。这个过程同时也是最具生成性和建设性的，它会形成许多有价值的新见解。

（4）专题讨论（辩论）。专题讨论（辩论）是大家在一起围绕某个问题畅所欲言，提出各自的意见和看法。在这个过程中，大家互相丰富彼此的思想，不断地提高自己和同事对问题的认识，知识也因此不断地变更和

---

① 张亮：《营造同伴互助文化促进教师专业发展》，《中小学教师培训》2006年第7期。

扩张。在讨论中，每个教师都能获得单独学习所得不到的东西。

这里需要强调的是，"深度会谈"（课改沙龙）、"专题讨论"（辩论）都是有备而来，大家对"会谈"的主题、"讨论"的专题，都有过实践的体验和理性的思考，这也是"深度会谈"（课改沙龙）、"专题讨论"（辩论）属"深层次的交谈"的前提和基础。

2. 协作

协作是指教师齐心协力、相互配合、协同合作，共同完成教学和研究任务。协作的前提是分工，分工与协作相辅相成。分工意味着每一位参与教研的教师，根据自己原本的工作、特长与兴趣、时间条件等因素，在整个研究活动中合理地承担相应的工作与任务，做到分工合理、职责明确、各司其职。协作意味着建立教师团队，注重团队精神，鼓励群策群力。在理念层面上，要最大限度地加强教师之间的专业对话和合作，营造教师之间专业合作的精神面貌和合作氛围；在实践层面上，要着重于校本教师团队专业合作方面的不同组织方式，强调团队之间的合作与良性竞争，鼓励多样化的合作方式和发展，推动学校教育教学整体质量的提高；在个体层面上，要通过教师之间的专业合作，促进教师个体在专业能力、知识、态度等方面的发展，实现教师的专业成长。

教师协作，强调团队精神和人与人之间行动的协调统一，其基本方式包括：同伴临床互助、同伴教学辅导、合作研究等。①

（1）同伴临床互助

同伴临床互助指的是教师在教学现场对同伴教学的观摩和指导。在这种观摩与指导中，教师处于平等的地位。这种同伴型的关系能使双方真实自然地表现自己、阐述自己的观点，不仅可减轻传统行政督导给教师带来的压力，降低或消除教师教学中的"表演"成分，而且也会使担当督导角色的教师发现其他教师的长处，反省自己的不足，并能通过相互讨论与观

---

① 张亮：《营造同伴互助文化，促进教师专业发展》，《中小学教师培训》2006年第7期。

点的碰撞，促进双方的发展与成长。

（2）同伴教学辅导

同伴教学辅导是指教师结成教学互助辅导小组，通过共同的阅读、讨论、设计课程、准备材料、示范教学以及课后反馈和讨论的方式来相互学习、相互纠正，以改进教学策略与成效的发展过程。它与同伴临床互助有着很多相似之处，但也存在着一定的差异。同伴教学辅导的过程一般由课程准备、示范教学和课后研讨三阶段构成，更强调教师之间的平等、相互支持与相互学习。

（3）合作研究

教师即研究者，这是现代教育改革和教育创新的要求，是教师专业化的基本内容之一，也是教师实现自身价值的重要途径。教师的研究有多种方式，在各种研究中都可以展开合作。其中行动研究是直接针对教育教学实践的改进的，强调在自然情景下开展研究，旨在解决实际问题，更值得引起广大教师的关注。

3. 帮助

帮助指教学经验丰富、教学成绩突出的优秀教师，指导新任教师，发挥"传帮带"的作用，使其尽快适应角色和环境的要求。骨干教师、学科带头人是教师中德才兼备的优秀人才，是教师队伍的核心和中坚力量。骨干教师、学科带头人要在同伴互助中发挥积极作用。这种帮助应当是在友好平等的关系中进行的。

当前，在新课程的推进中产生了一种特别受教师欢迎和行之有效的教学互助方式——同事互助观课。这是一种横向的同事互助活动，既不含有自上而下的考核成分，也不含有自上而下的权威指导成分，而是教师同事之间的互助指导式的听课。其目的主要是通过观课，就观课双方在某些事先预设的都关心的课题方面研讨、分析和相互切磋，来改进教学行为，提高教学水平。作为观课者的教师既是学习者，又是研究者。显然，这种观课活动对教师的专业成长具有促进作用，它可以作为教师的一种相互提高、相互促进的自我教育或自我培训方式。优秀教师、骨干教师和学科带头人在为其他教师提供帮助时,也要尊重教师间的平等关系,在观课中要把握好以下几个要点:

第一,观课的目的。强调观课旨在促进教师的专业成长而非考核,不是褒贬某一教师的教学行为,而是探求有什么方法可以教好一个课题,教好一班学生。鼓励教师敢于尝试有难度的课题和具有挑战性的活动。

第二,观课的态度。教师要抱着一颗平常心对待观课,并持开放的态度接受同事的意见。要互相合作,共同准备教学内容和教具。观课教师要诚恳,不要对被观课教师故意存有挑剔之心。不要视观课为一场表演,被观课者的授课应与平时的授课一样。这样才能反映真实的自我,才能对真实的自我进行剖析,从中获得发展的动力。

第三,观课的重点。一堂课几十分钟,要观看的东西很多,关系很杂。要彼此都有提高,就得有重点。重点可能是很想克服的困难,例如,如何引发学生的学习动机,如何处理纪律欠佳的学生等等;也可能是观课者很想借鉴的教学方法,或者双方都感兴趣和困惑的其他教学问题等等。观课教师观课时可以把自己想象成学生,自问一些问题,如:作为学生,上课时我投入吗?学习内容我明白吗?这种想象的经验可以帮助观课的教师看清教师一般看不到的盲点。

第四,观课后的讨论技巧。首先,明确讨论的焦点是课题与学生,而非被观课教师,所以,观课完毕,观课教师不要对本次课急于赞赏、批评或下结论。即使讨论中包括了赞赏与批评,也不应针对授课教师的教学水平,而是对所运用的教学策略和安排进行评析。授课教师也不要习惯地问观课教师"你觉得这一堂课怎么样",这样的问题很容易引导观课的教师去评估这堂课教得好不好。这样的评鉴远离了同事互助观课的精神,对讨论原先大家都想探索的问题没有帮助。①

一位课改专家在基层指导实验时,遇到了这样一个事例——评课时,她被遗忘在现场门外。②

> 在一次公开课教学研讨活动中,当大家听完一位教师的讲课后,便习惯性地一排排坐好,一个个摊开笔记本,拿起笔来,然后低着头,等待着事先安排好的某个人上台发言。由于最后发言的往往是权威者,所以,前来听课的教研人员也习惯性地被安排为最后一个发表意见。在他滔滔不绝的发言过程中,他忽然想起一个问题,觉得需要先了解一下讲课教师的想法,可是这个时候才发现那位讲课教师并不在现场,四处搜索,好不容易才发现她竟被安排在教室门外,此刻她正在尽力向评课现场内伸着头,显然是想努力听清楚评课者在发表什么意见……

事后了解,大凡在进行类似的教研活动时,讲课的教师往往只是被要求要谦虚、认真地聆听前来听课评课的领导、教研人员和专家们的评价意见,要认真做好记录,明确今后要改正的失误或不足。此外,该教师基本上没有发表自己意见的机会,否则就会被认为态度不够谦虚。在这次活动中也不例外,讲课教师最后被要求作表态性的发言,那只不过是表示虚心接受大家的意见而已——尽管她可能对一些评课者的观点并不赞同……

因此,学校在采用"帮助"手段实现互助时,要注重教师间平等关系的建立,尤其是在骨干教师、学科带头人和一般教师之间。这就需要学校要真正营造以人为本的文化,在尊重教师的前提下,让教师得到有效的帮助。

---

① 邵光华等:《教师教育校本培训与同事互助观课浅论》,《课程·教材·教法》2004年第1期。

② 教育部基础教育司、教育部师范教育组编写:《新课程的教学实施》,高等教育出版社2004年版,第104页。

三、走向同伴互助

尽管我国学校在开展教师合作、形成同伴互助方面取得了不少成绩，但是也面临着一些深层次的矛盾和问题。

首先，封闭的课堂文化使部分教师心理上不倾向于合作。教室的独立是教学的一个最重要的特征，一个教室就是一个独立的"班级王国"，教师就是孤独的舞者。正是这种教师孤独文化的制约，导致了部分教师对同事互助的拒绝。他们缺乏自信，害怕把自己真实的课堂呈现在同事面前。这种防卫的意识，使不少教师不愿意主动地针对教学中的问题与同事进行切磋。

其次，以竞争为导向的学校文化不利于教师开展合作。学生成绩是许多学校最为看重的评价指标。在竞争的压力之下，不少教师为使自己班级的成绩领先，不愿意将自己最精华的教学技能和经验与别人分享，想依靠"留一手"来保持竞争的优势。

再次，繁重的工作和密集的教学安排使得教师合作很难在时间上得到保证。教师的工作任务本来就很繁重，而合作互助是在两个或者更多的教师之间进行的。这就需要有一个共同的时间表，教师却很难在时间上协调一致，这也给互助合作带来了困难。

第四，行政的压力催生了互助的表面化、形式化。在新课改的背景下，虽然有些地方教师往往屈于行政的压力而不得不进行"刻意的互助"、"表面的互助"，但是这种合作关系不是自发的，不是自由选择的，而是强迫的，仅仅是一种行政上的责任，以实施他人命令为目的，一旦行政压力不复存在，这种形式上的互助合作也就不存在了。

同伴互助是实现学校变革目标的重要手段，也是教师实现自己专业成长的重要途径，在校本研究文化的建设中扮演着重要的角色。对教师来

说，要成功地开展互助工作，解决好上述问题，必须把握好以下几个要点：[①]

首先，树立全面可持续发展的素质教育观和现代教育思想。教师只有树立了正确的教育思想和观念，才能真正本着为学生发展负责的态度，提高探究培养学生全面素质和创新能力的自觉性。在复杂的教育教学问题面前积极探索各种有效的教育教学的方法和措施，主动选择同伴互助，把教师间的互助合作作为提升教育教学质量和实现专业成长的一种有效方式。

其次，正确认识和处理同事间的关系。应改变将教师看成是封闭教室中"独舞者"的传统观念，从促进学生全面发展的这一共同目标出发，充分认识到教师合作互助对促进学生发展的必要性和紧迫性，理解教师职业中分工与合作的关系，既要发挥个人所长，又要相互交流，相互帮助。要认识到同事（不论是同学科还是不同学科）是与自己有着共同奋斗目标、肩负共同任务、荣辱与共的集体中的同伴与合作者，对之要抱有真诚、友好、互相依靠、互相关心的积极态度，既要愿意拿出自己的"看家本领"和成功经验与他人分享，又要愿意对存在困难的同事给予真诚和及时的帮助。

再次，形成包容、接纳和勤思考的职业心态。教学是理论与经验并重的艺术。教师工作时间长了，经常会犯经验主义的毛病，过于注重自己成功的经验，习惯于一种固定的思维方式，思考问题也仅囿于自己的学科角度。这既不利于教师进行全面、深入的反思，又不利于接受他人的观点和建议，会妨碍同伴互助型行动研究的顺利进行。因此，教师应主动跳出经验主义的狭隘圈子，通过多学习新理论、多倾听吸收他人意见的方法，使自己的思维更活跃，更开放，也更有接纳性。

第四，培养开展互助合作的行为习惯。行为习惯是在日常生活的点点滴滴中养成的，日积月累才会见到成效。教师从"独舞者"转化为"合作

[①] 王春华：《从个人到同伴互助：教育行动研究范式的转换》，《当代教育科学》2005年第16期。

者"要有个过程。应注重从教学生涯中每一件平常的事情着手，主动利用业余和空闲时间经常性地与同事交流，互相听课评课，形成互助合作的习惯，并真正在心理上将之作为自己的职业需要。上述良好行为习惯的保持，是同伴互助得以实现的必要基础。

第五，教师还要掌握进行同伴互助的具体途径和方法。包括对话、协作、帮助等种种方式。这部分内容这里就不再展开了。

当然，教师互助合作文化的形成，离不开学校、社会方方面面的支持，需要建立有助于这种文化生成发展的制度环境。这意味着学校还必须在管理、评估等方面进行相应的变革。教师的职业观和职业行为的变化只有得到制度层面的支持才具有长久的意义，进而在两者的相互支持和互动中实现学校文化的新生。

专业引领是一面旗帜，指引着前进的方向。专业研究人员的参与是校本研究向纵深、可持续性发展的关键。

专业引领

一、性质与意义

"专业引领，是指专家为教师开展教学研究提供必要的帮助和指导。这里所说的专家，既包括大学或研究机构的专业研究人员、各级教研室的教研员，也包括中小学教师中的骨干教师"。[①] 换言之，专业引领就是由专业人员介入教育教学研究活动，力求在较高层面上实现理论和实践的对接，重建理论和实践的关系。校本研究是在"本校"展开的，是围绕"本校"的事实和问题进行的，但它不完全局限于本校内的力量。恰恰相反，专业研究人员的参与是校本研究不可或缺的因素。

随着新一轮课程改革的深入，教师在教育教学中会遇到越来越多的问题，广大一线教师虽然有着丰富的教育经验，但由于长期受应试教育的影响，已经形成了教学定式，用最简单和最直接的方式把知识"灌输"给学生是最惯常的套路。长此以往，一些教师，甚至是"名师"，都疏于对教育教学理论的研究，满足于已有的经验和成绩，其理论和实践逐渐脱节。

另一方面，在课程变革的时代里，再先进的教育理念，如果没有新理

---

① 教育部基础教育司、教育部师范教育司组织编写：《校本教研与教师专业发展》，高等教育出版社2004年版，第64页。

念的引导和以课程内容为载体的具体指引与对话,没有专家与骨干教师等高一层次人员的协助与带领,离开了专业研究人员等"局外人"的参与,校本研究也会囿于同一水平反复,迈不开实质性的步伐,甚至会停滞不前,从而导致形式化、平庸化。

相对于一线的教师来说,专业研究人员的优势在于具有系统的教育理论知识和丰富的专业素养。专业研究人员参与"校本教研",有助于让他们的思想与一线的教师们碰撞、激荡,使教师们接受理性的洗礼和智慧的挑战,为"校本教研"在既定的理论高度上提供保障。

教师之间的互助无法取代专业引领。如果说,同伴互助是同层级的横向支援的话,那么,专业引领就是纵向的引导;如果说,校本教研是教师、学校发展的必由之路的话,那么,专业引领就是一面旗帜,指引着前进的方向。专业研究人员的参与是校本研究向纵深、可持续性发展的关键。

专业引领就其实质而言,是理论对实践的指导,是理论与实践之间的对话,是理论与实践关系的重建。纵观各国教育教学改革的实践,注重教学反思和同伴互助的国家很多,而像我国这样明确地肯定专业引领的作用,并将之与自我反思和同伴互助整合为一个有机整体的改革思路并不多。在实践、反思的呼声响彻国际教育改革舞台以至于教育改革出现非专业化的逆转(如美国就出现了常识取向的学校和教师教育改革)的时代,我们并没有忽视理论的作用和专业的力量,正确处理了教育理论与实践的关系,这是值得赞许并且应当坚持的。从教师角度讲,加强理论学习,并自觉接受理论的指导,努力提高教学理论素养,增强理论思维能力,这是从"教书匠"通往"教育家"的必经之路。

特别值得一提的是我国的教研员制度。可以说,教研员是世界教育史上独一无二的专职从事基础教育研究的一个群体。这一群体诞生于新中国成立初期,现已发展到近十万人,广泛分布于省级、市级、县级的教育研究机构中。长期以来,他们在稳定正常教学秩序,执行国家课程计划(教学计划）和课程标准（教学大纲），加强教学业务管理，组织教改实验，开展教学研究，总结推广教学经验，普及教育科学，提高教师业务能力等方面，做了大量工作，起到了独特作用。

教研员的专业引领是校本教研不可或缺的因素，是教师专业发展的关键所在。他们是与教师"距离最近"的专业人员。尤其是在一些中小城市或农村地区，很难得到高校资源的辐射，而教研员则和他们有着经常的接触，是我国实现校本研究专业引领的不可或缺的力量。教研员要发挥好自己专业引领的作用，也要改变过去的以"检查"为主的工作方式，转变教育观念，确立为教师服务的意识，加强理论修养，深入学校，及时为教师提供专业咨询、信息服务与技术帮助等。总之，应当采取切实有效的措施，加强对教研员这支队伍的建设和再培训。

二、错误实践观的批判

由于长期以来教师将知识传授当作最主要的任务，所以仅凭经验教学、不思理论进取的现象依然存在。在当前课程改革的背景下，排斥教育教学理论指导的倾向依然突出，表现在：

第一，经验主义教学实践，片面强调教学经验对教学实践的作用和意义，以教学经验取代教学理论。经验主义教学实践者习惯于凭局部的教学经验进行教学实践活动，否认教学理论的必要性。认为教学经验直接来源于教学实践，是对教学实践感知的综合概括，同样具有普遍性，凭教学经验同样能够取得教学上的成功，而且运用起来比教学理论方便、直接、实用。他们往往自觉或不自觉地以经验的目光审视教学理论，把教学理论经验化。因而，他们对教学实践的认识常常停留在现象的罗列、外观的描述上，不能抓住教学中客观的本质的必然联系（其实质是害怕理论）。

第二，操作主义教学实践，对教学理论应用作片面狭隘的操作主义理解，把理论完全操作化、技术化、形式化。操作主义教学实践者总是认为，教学理论常常是不便于操作的，因而教学理论大多是无用的玄思清谈。所以，他们不愿意参加教学理论学习，尤其是教学基本理论学习，而愿意听教学经验报告，愿意学习实用操作技术。他们常常以操作主义教学实践的要求对待教学理论，希望把教学理论直接操作化，企图用教学理论解决一切具体的教学实际问题（他们对理论工作者的要求常常是"你教我怎么做就行了"）。

第三，实用功利主义教学实践，以实用主义、功利主义的态度对待教学理论应用，急功近利地追求教学的短视效应。实用功利主义者把教学实践的价值目标唯一化、片面化，忽视乃至无视教学实践活动中的规律性联系。

拒绝理论，就是拒绝进步。拒绝理论，实践就只能在低层次上重复。实际上理论的价值不单在"操作"，理论更重要的价值在于给人以精神和气质的熏陶、智慧和思维的启迪、思想和理念的提升。这也是学习理论的根本目的。

三、内涵

校本研究是一种理论指导下的实践性研究，理论指导、专业引领是校本研究得以深化发展的重要支撑。专业研究人员应该有高度的使命感和责任感以及对教学实践高度关注的热情，积极主动地参与以校为本的教学研究制度的建设，为学校和教师提供切实有效的帮助。专业研究人员对教师专业引领的内容和方式主要包含以下几个方面。①

1. 引领教育教学理论，更新教师观念。观念是行动的先导，新课改从促进学生发展的角度对教师的教育教学提出了许多新的要求。传统的学校教育和课堂教学中，学校和教师一切工作围绕升学率进行，成绩成了学校和教师共同追求的目标，过于功利化的追求导致教师的工作渐渐偏离教

---

① 李萍等：《新课程改革中教研员如何"专业引领"》（http://jcjykc.cersp.com/Post/ShowArticle.asp?ArticleID=423）。

育的本来意义，出现了许多只见分不见人的现象。加强对教育理论的研究，回归教育的真正目的，成为新课改中教师首先要做的事情。专业研究人员应高度关注教师教学实践，帮助教师提高理论素养，引领教师完成教育观念的转变。

2. **引领教育研究方法，增强教师研究能力**。新课改中，许多教师已经意识到了研究在教育教学中的重要性，但由于他们长期从事学科教学，科研基础薄弱，往往不能将问题转化为课题，对于课题又无从下手，专业研究人员从教育科研方法方面引领教师研究尤为重要。很多教师在教育教学中遇到很多问题，当时记下了，想要研究，但由于缺少资料或无人帮助等原因，时间一长，问题就被搁置下来。专业研究人员要在教师发现问题时及时引领，帮助教师将问题转化为课题，并进行科研方法方面的指导。久而久之，教师就会增强研究的信心，体验到研究的喜悦，教师的研究能力就会逐渐提高。

3. **引领学科前沿知识，拓宽教师专业视野**。新课改在课程内容上关注知识与学生现实生活的联系，注意各学科间知识的综合。在学习方法上，提倡自主、合作、探究的学习方式，内容和方法的变化增加了课程的开放性、生成性，这对教师提出了更高的要求。如果教师不及时更新自己的知识库，将会影响到教学的顺利进行，教师的威信也会受到不利影响。专业研究人员应充分利用自身信息的优势，关注学术前沿，及时将与教学内容密切相关的学术动态梳理出来，采用研讨、辅导、专题讲座等方式与教师共同学习。

4. **开发专业人力资源，共建研究共同体**。传统教研或科研中，研究力量往往局限于学校或学科组内，研究中多以个人研究为主，不注重合作。专业研究人员应在教师同伴互助的基础上，积极参与中小学的校本研究，与中小学教师组建研究共同体，共同研究和解决教育教学中的问题。各学校也应根据自己的需要和资源条件，寻求专业支持，有选择地将学科内名师、学科带头人、骨干教师、教学能手甚至大学或研究机构的专家学者等组织起来，共同开展校本研究。

四、形式

研究人员的专业引领究竟有哪些方式，如何有效发挥骨干教师、专家教师、教研人员及理论工作者的专业引领作用，我国在实践中已经积累了不少的经验。国内也有学者对实践中常用的专业引领方式进行了梳理，并将这些方式按增进教师"实践之知"的有效性这一维度由低到高依次排列出来。共计有 10 种专业引领方式，分别为：辅导讲座，专题式的谈话，观看教学录像，听示范课（见习），指导备课，说课，角色扮演，微格教学，随堂听课，临床指导。①

1. **辅导讲座**。就课堂教学中的有关问题作专题的、有时是系列性的讲座，使教师明确某些特定的教学行为的操作要领。没有正确的认识就不会有正确的行动。一些错误的做法、不明智的教学行为乃是由于规范不明，或者是受错误的教学思想观念支配的结果。但是有了正确的认识，不一定就会有正确的行动，正如知道游泳的规则，不能保证会游泳一样，从认识到行动之间还存在着技艺性的中间环节。但是大课堂式的辅导讲座不能从根本上解决实践性知识缺乏的问题。

2. **专题谈话**。与辅导讲座不同，专题谈话是一对一、面对面进行的。针对教师教学中的困惑，确定谈话专题，拟定谈话提纲。谈话过程中注重引导教师进行自我分析、自我评价，鼓励教师充分表达自己所关心的问题，如自己的挫折和焦虑、问题与困惑等，有针对性地作些指点。这样可以使教师获得新的认识、新的理解，还可导致情感态度的改变。与辅导讲座一样，专题谈话重在提高认识，而不是着眼于改进行为。

3. **观看教学录像**。运用电影、电视、录像等直观性教具进行教学培

---

① 柳夕浪：《课堂教学临床指导》（http：//www.pep.com.cn/200406/ca439509.htm）。

训，在实践中比辅导讲座、专题谈话更受欢迎，因为它更形象、更具体、更直观。教师可以从具体可感的现场教学中学习到许多在讲座、谈话中学不到的方法、技艺。看优秀教师的教学录像，往往是一种艺术的享受，听课者不知不觉地进入课堂情境，受到教学情感的陶冶。但是，看戏容易演戏难，会看戏，把它看懂了，不一定就能够演戏。教学方法和教学艺术会因具体的教师、教学对象的不同而不同，一般不能照搬。就是看出门道来，也还有一个从知到会的过程。目前许多公开课和教学录像"加工"颇多，缺乏真实感、自然感，许多人在幕后导演，教者大多数为优秀教师，一般教师常感叹自己望尘莫及。

4. **听示范课**。这比观看教学录像更直接，更真实，更有说服力。理想的示范课要有详尽的计划，甚至进行预演，保证提供达到目标所需要的细节。师范教育中一般要安排较长时间的见习期，让师范生经历某一阶段教学的全过程，从中获得最切实的感性认识。

5. **指导备课**。与听示范课不同，指导备课不是让教师静观、静听，而是指导教师怎样教，着眼于教学行动。不过，这还只是行动的准备阶段。课备得好，不一定就能上得好。

6. **说课**。说课比指导备课更进一步，它以认真备课作基础，其不同于一般备课的地方，在于它要求把关于课堂教学的设想说出来，与其他人进行交流，而不仅仅备在心中，或备在纸上。它又以上课为归宿，其不同于上课的地方，在于它不是在真实的课堂中面对学生进行，仍然是一种无学生参与的"演习"。开展说课活动，进行说课交流，有利于教师在钻研教材、教法上相互取长补短，进一步备好课，活跃教学研究的气氛。说课还因为其组织起来便当，而受到越来越多的教学管理人员的欢迎。但说课缺乏师生课堂内的互动，不能提供给教师驾驭课堂的直接经验，对教师实践性知识的改进来讲，它仍然是间接性的。

7. **角色扮演**。有时叫作"社会剧"，它利用戏剧化的力量，让受训者扮演教学情境中的各种角色，理解自己和他人的行为，获得相应的角色技能。

在教学能力培训时，可以按照教师的疑难问题来组织角色扮演，组织教师自己编排对话、活动。让他们扮演教师，也可以让他们扮演学生，从特定的角色要求出发，选择处理教学问题的行为方式。在模拟情境中，学习处理各种典型问题。其训练步骤可分为：①选择模拟情景；②确定角色；③介绍情景；④分配角色；⑤演出并收集必要的信息；⑥后继讨论分析。

角色扮演作为真实的课堂情景的模拟，能够在一定程度上促使教师获得某些教学的技能，体验他人的情感态度，增进人际关系技能，具有较大的灵活性和潜在的应用价值，但其毕竟只是一种模拟，它代替不了真实的课堂教学实践。

8. **微型教学**。也有的译作"微格教学"、"小型教学"等。这是为了培养教学实践技能，在一种简化了的模拟课堂中进行的实验培训课程，即一种学习和掌握教学技能的专门的实验课程。它诞生于20世纪60年代初期的美国斯坦福大学教育研究中心，随后迅即推广并引起了大量的研究，成为欧美等国教师培训的基本课程。80年代初在联合国有关组织的倡导下，微型教学正为许多发展中国家所接受，并列为改善传统师范教育的重要工具之一。

9. **随堂听课**。指随时进行的一种听课形式，通常不事先通知任课教师，以教师的工作考评为目的，常常作为一种行政管理的手段。随堂听课自由灵活，简便易行，是学校教学管理行之有效的方法，也是发挥专家引领作用的方式之一。

10. **临床指导**。"临床指导"是专业人员深入到课堂，"诊断"教师教学中的困难，帮助教师改进教学的一种具体技术，是教师评价中常用的一种方法。它要求专业人员直接深入到教学中去，亲眼观察课堂中的各类活动，与教师进行当面交谈，共同探讨教学中的问题，分析教师教学的优势与不足，帮助教师改进工作。

临床指导一般只就课堂教学中某一个方面作系统观察，专心致志于特定的事件上，强调采用科学的观察工具、方法，保证了课堂观察应有的客观性。同时，它通常不对课堂教学情况作等级评定，只要求提供课堂教学的某些方面的反馈信息给教师，促使教师在这些方面作出改进。

此外，随着网络技术的快速发展，网上论坛、教育博客等也是专业引领的可选方式。教育部基础教育课程教材发展中心在 2005 年启动了"新课程网络教研项目"——"新思考网"，由包括教育部福建师范大学基础教育课程研究中心承办的"课堂教学网"等在内的 30 多个网站构成，每日组织专家在线与一线教师共同探讨新课程实践中遇到的问题。可以预言，这种便捷、覆盖面广、可以互动的网络平台，在研究者专业引领方面将发挥越来越大的作用。

专业引领的方式多种多样，每一种形式都有其特定的功用，有助于达到某种目的。应根据引领对象和引领内容的不同，有针对性地选择和创设适合自己学校实际需要的方式。但是就其促进教师专业化成长而言，教学现场指导通常是最有效的形式，也是最受教师欢迎的形式。

上海教育科学研究所著名的研究员顾泠沅曾就专业引领方式的效率问题进行过调查。"在课程教学改革的过程中，怎样的专业指导对教师的帮助最大？"选择较多的是：C. 课改专家与经验丰富的教师共同指导课堂教学(36.7%)；D. 身边经验丰富的教师在教材教法方面的指导(35.7%)。顾先生由此得出一个假说：教师需要有课例的专业引领。"哪种听课、评课方式对教师帮助最大？"选择较多的是：专家、优秀教师和自己合作备课，再听课、评课，指导改进（57.7%）。[①] 调查结果显示，教师需要与课堂教学相结合的引领方式。因此，研究人员的专业引领要和教师教学实践密切结合起来，要对教师进行教学现场指导，用教师教学中经常遇到的生动鲜活的案例来阐释理论，指导实践，才会达到较好的效果。

---

① 顾泠沅，杨玉东：《教师专业发展的校本行动研究》，《教育发展研究》2003 年第 6 期。

实践也证明，专业研究人员与教师共同备课（设计）、听课（观察）、评课（总结）等，对教师帮助最大。同时，专业研究人员在开展教学现场指导活动中应努力做到：到位但不越位。所谓"到位"，就是给教师提供所需要的帮助；所谓"不越位"，就是不越俎代庖，不包办代替。越位的指导（包括提供过细的教参）也许会急教师一时之所需，但却会导致教师产生惰性和依赖心理，从而不仅无助于而且还会阻碍教师的专业成长。教师才是教学的真正主体，专业研究人员无论怎么指导，都不能也不应该代替教师的独立思考。

"导为了不导"。专业研究人员要立足于提高教师独立教学能力、独立研究能力来进行指导。当前，还有一点值得特别强调，那就是专业研究人员在组织和参与评课的时候，一定要冲破传统和世俗的观念，千万不要搞形式主义，要注重实效，实事求是。既要把优点说够，给人以鼓舞；又要把问题说透，给人以启迪；同时还要避免话语霸权，提倡学术对话，尤其要注意对不同思想观点的宽容、鼓励与支持。

第十讲 校本研究的三种基本类型

各位老师,今天,我们一起学习、讨论以校为本的教学研究的实践形式问题。

校本研究即校本教研。教学型教研、研究型教研、学习型教研是校本教研的三种基本类型,也是校本研究的基本形式。教学型教研、研究型教研、学习型教研三者构成了促进教师专业成长的三种职业生活方式,它们的有机结合较为完整地体现了校本教研的内涵和外延。教学型教研体现的是教师作为教育者角色的教学;研究型教研体现的是教师作为研究者角色的教学;学习型教研体现的是教师作为学习者角色的教学。提倡教学型教研,可防止把校本教研"神化";提倡研究型教研,可防止把校本教研"泛化";提倡学习型教研,可防止把校本教研"窄化"。这三种教研具有相对独立性,在实践中,它们又是相辅相成、相互促进、相互渗透的关系。只有既充分发挥各自的功能作用,又注重相互间的整合,才能卓有成效地把校本教研推进下去。

下面,我们一一来讨论。

教学型教研以教为着眼点，研究直接服从、服务于教学的需要。这种研究一般以"课例"为载体，围绕如何上好一节课而展开，研究渗透或融入教学过程，贯穿在备课、设计、上课、评课等教学环节之中。

第一种类型：教学型教研

一、相关概念

教学型教研以教为着眼点，研究直接服从、服务于教学的需要。这种研究一般以"课例"为载体，围绕如何上好一节课而展开，研究渗透或融入教学过程，贯穿在备课、设计、上课、评课等教学环节之中。活动方式以同伴成员的沟通、交流、讨论为主。研究手段主要是听课与评议，一般不采用系统、严格和较为规范的方法。研究成果的主要呈现样式是文本的教案和案例式的课堂教学。这是一种目标直接、易于操作的教研方式，不需要经过专门的学习或训练，容易为教师所掌握，是一种较为传统的教研方式，在教学实践中被广泛使用。因而，教学型教研也被称为"日常性教研"。这种教研方式对完成教学任务来说具有较好的效果，是提高教学质量的有力手段之一。

教学型教研是对上述我们所界定的教研活动的一种称谓，这种活动与其他方式的教研活动是可以相互渗透的，涉及同一类目标和对象的教研活动往往可以通过不同的方式表现出来，如对某一堂课的教学，既可以采用教学型教研以提高教学效果，也可以通过研究型教研来达到这一目标。对任何一个具体的教学任务来说，采用哪种手段更有效，则要根据具体的情况而定。但一般说来，教学型教研在课例研究方面的运用远多于它在课堂和案例研究方面的运用。

1. 课例与课堂

课例主要涉及与达到具体的教学目标有关的课堂中具体的教学事件、教学行为，与完成教学任务直接相关。完成这一任务的场所相对固定，时间也具有一定的连续性，是较易被教师把握的研究对象，因而比较容易受到教师的关注。教学型教研比较集中地被教师在这一领域加以运用。

课堂则不单是教学活动的场所，而是师生活动的综合性环境。对这一环境及其要素的研究，在教学目标的实现上不像课例那么直接，在研究对象、研究目的的确定上也不太容易把握，尤其在研究方法上还有一定的讲究。所以，有关课堂的研究，教师涉及的相对较少，远不如课例研究。倒是专业教育研究者常常倾向于选择课堂作为自己的研究对象。他们把课堂作为研究的对象，深入到课堂的实际情境中去，目的在于从理论上阐释课堂中存在的种种现象，从而得出某种具有一定普适意义的结论，而不一定将目标定位在改进具体课堂活动上。

2. 课例与案例

教学课例和教学案例的目的和功能指向不同。一般而言，案例是围绕特定的问题展开的，是以问题的发现、分析、解决、讨论为线索的。而课例展现的是某节课或某些课的教学实际场景，虽然其中也包含着问题，但问题可能是多元的，没有明确的问题指向的，并且实际情景的叙述、师生对话的描述等常是列举式的，没有像案例那样经过细致加工。

相对于案例，课例展示的是完整的一堂课的教学、比较典型的一个教学片段或一次教学活动，是一种教学全景实录，真实，具体，生动，活灵活现，能够给人以强烈的身临其境的感觉。课例只有经过适当的加工，才能成为案例。相对而言，教学性教研在课例的应用上也多于在案例的运用上。

二、课例模式

如前所述,教学型教研最为集中地体现在课例研究上,我国学校特别是课改实验区的学校已经在实践中创造了许多行之有效的课例研究实践模式,先择其主要,列举如下:

1. 一人同课多轮

这里的"课"既可以指 40 或 45 分钟的一节课(时间维度),也可以指一篇课文或一个课题(内容维度)。顾名思义,一人同课多轮就是同一个教师连续多次上同一课,内容重复,但行为不断改进。具体流程一般为:第一轮课,独立课。由教师特别是年轻教师独立备课、上课,展示教师个人的思想和经验,暴露教师教学观念和行为存在的问题。第二轮课,会诊课。备课组或教研组听了教师独立课之后,针对课堂教学存在的问题进行分析、讨论,献计献策,通过集思广益,上课教师形成新的方案,第二次上课。第三轮课,反思课。上课教师和同伴对第一轮课和第二轮课进行对比,明确进步的方面,分析还存在的问题,进一步修订方案,第三次上课,如此构成一个循环。上课教师反思整个过程并写成教学课例。实践证明,这种方式对培养年轻教师,提高他们的教学技能和水平,帮助他们解决教学中的问题,效果显著。

2. 多人同课循环

备课组或教研组的教师上同一节课。这种模式的关键在于教师的互动和问题的跟进。第一个教师上完课,第二个教师针对第一个教师课堂存在的问题上第二次课,第三个教师针对第二个教师课堂存在的问题上第三次课……每次上课方案都是同伴集体共同参与研制的。

我们曾参与一所小学二年级八位语文教师这种同课循环活动,同一节课上了八次,每次都有进步,又都有新的问题。第八位教师上完课,八位教师抱在一起,雀跃欢呼!经过她们的共同努力,一节精品课出来了。这是大家共同努力的结果，集体智慧的结晶。当然，真正的价值不在于这一节精品课，而在于这一活动让教师切实感受到课例研究、同伴互助的魅力和意义，激发她们对课堂教学境界的不断追求。

3. 同课异构

同一课，不同教师不同构想，不同上法，大家在比较中互相学习，扬长避短，共同提高。其流程一般为：教研组或备课组商定出相同的教学（教研）主题（内容），由两个以上的教师分别备课、上课，教师集体听课、评课。实施这一模式并取得成效的关键在于：第一，教师教学经验背景不同，教学个性、教学风格差异明显，对所教内容确实有不同的思路和观点；第二，所选教学主题（内容）具有一定的开放性，易于发挥教师的主观能动性和教学创造性。多元性是新课程、新课堂的基本特征，教师要善于在开放、多元的教学环境中，学习和借鉴他人有益的经验和做法，形成和发展自己的教学特色。

4. 互助式观课

通过观课促进课堂教学改革和教师专业发展也是课例研究的一种新形式。互助式观课是一种横向的同事互助指导活动，既不含有自上而下的考核成分，也不含有自上而下的权威指导成分，而是教师同事之间的互助指导式的观课，其目的主要是通过观课后观课双方在某些事先预设的都关心的课题方面的研讨、分析和相互切磋，来改进教学行为，提高教学水平。教师在实施新课程过程中，常常会遭遇很多困惑：什么样的自主是真正的自主？什么样的合作是有效的合作？什么样的探究是有价值的探究？……自己吃不准，想请别人来指点，又不敢在专家面前"献丑"，同时也害怕学校领导的"评价"，那么互助式观课便是最安全的选择了。这种观课由于不涉及褒贬奖罚，授课者在课堂中无需刻意展示自己的长处而隐藏自己的短处，完全可以真实地表现自我，使课堂保持自然性，而观课者由于能观察到真实的问题，可以有针对性地帮助授课教师进行反思，寻找解决问题的办法。

互助式观课的步骤一般是：第一，双方在课前共同商定好观课的主题和重点；第二，观课者做好课堂观察和记录，记录下课堂里发生的真实情况以及自己的思考；第三，开展课后的讨论，讨论要针对主题和要点，问题一定要具体；第四，后续行动，上课教师要把改进措施落实到后续课堂教学活动中。

5. 邀请式观课

以前听评课，教师一般都是被动接受安排的。邀请式观课则是上课教师主动邀请同行或专家听课。如果说，互助式观课侧重于问题——诊断，那么邀请式观课则侧重于成果——鉴定。教师就课改的某一专题经过一段时间的改革探索后，取得成果，课堂发生了实质性的变化。为了从理论上多角度地对自己的改革探索成果进行评价，教师主动邀请有关专家、教研员和同事前来观课。其流程一般是：第一，教师公布自己的上课内容和研究主题；第二，填写邀请卡，向其他教师发出邀请；第三，观课教师认真阅读相关资料；第四，观课教师进入课堂现场观察，并针对研究主题作出相对规范性的评价。

6. 反思式观课

教师成为观察自己课堂的主人。这种课例研究模式是借助录像带来实行的，其流程一般是：学校在不加修饰和打扮，即"纯自然"的状态下，为教师摄制"家常课"，然后，由授课教师自己反复观看，实事求是地剖析和反思自己的成功之举和不足之处，对自己的教学行为开展批评和自我批评。反思式观课使教师看到了一个真实的自我，促使教师重新审视和评估自己，直面自我，反思自我，修正和完善自我。

一个教师在反思式观课后惭愧地说："我教了22年书，自我感觉良好，原以为自己的教学水平当属上乘，今天第一次看了自己的录像课，简直无地自容，没想到22年的教学生涯浪费了学生那么多宝贵的时间，真是汗颜和惭愧。我将以此为契机，苦练内功，完善自我，改写自我，争取早日使自己的教学水平有一个大的突破，弥补自己给学生造成的损失。"原来这位已任教 22 年的老教师，在一堂课中前后出现 125 个"口头禅"，几乎他的每一句话后都习惯性地带一个"啊——"字。如果每个"啊——"字以平均 2 秒计算，每一堂课将浪费 4.2 分钟，全班共有 50 个同学，这位教师每堂课浪费学生宝贵的课堂时间就达 210 分钟之多，如果以 22 年计算的话，那绝对不是一个小的数目。[①]

课例研究课从形式上讲都是公开课，传统的公开课由于带有较强烈的功利色彩而演变成形式主义的教研，特别是所谓优质课和评比课，"作秀"味浓，"表演"成分多，与"镜中花、水中月"相仿，可借鉴性小。不少教师反映听起来很激动，可回到教室，教学又回到了自己的老路上来。因此，课例研究的一个突出理念就是要回归生活，要注重研究常规形态下的课例。

三、课例特点

调查表明，课例研究，特别是有专家参与的课例研究，对教师的帮助和促进具有十分明显的良好效果。新课程背景下的课例研究要突出以下几个特点：

第一，教学性。课堂的本质是教学，而不是展示。教学重过程，展示重结果。教学过程不仅是一个教师引导学生掌握知识、发展智力的认识过程，同时也是一个师生情感共融、价值共享、共同创造、共同成长、共同探索新知、共享生命体验的完整的生活过程。[②] 如果说教学要展示的话，展示的也应是这个过程本身。

第二，研究性。课堂不仅是课程实施的场所，更是进行课程发展与教学研究的实验室。每一间教室都是独特的，都是教师把教学方案加以落实、试验、验证和修正的地方，因此，每一间教室都是教师教学理论和方

[①] 严卫林：《录像定格解剖：改进教学行动的好方法》，《新课程研究》2005 年第 4 期。
[②] 田慧生：《关于进一步更新教学观念的几点思考》，《人民教育》2005 年第 9 期。

案的实验室。研究性意味着课堂不仅要成为教师自我反思的对象，同时也要成为教师同行或专家共同讨论的领域。

第三，实践性。课例研究的出发点和归宿是解决教学实际问题，课例研究是教学观念不断更新、教学行为持续不断改进、教学水平不断提升的过程。课例研究是没有终点的。

> 研究型教研以研为着眼点，这种研究一般以"课题"为载体，围绕一个科学问题而展开，遵循科学研究的一般程序和基本规范，研究课题及其所形成的研究报告是研究活动的主线，发现、创新是研究的重要途径和产生研究成果的依据。

第二种类型：研究型教研

研究型教研以研为着眼点，这种研究一般以"课题"为载体，围绕一个科学问题而展开，遵循科学研究的一般程序和基本规范，研究课题及其所形成的研究报告是研究活动的主线，发现、创新是研究的重要途径和产生研究成果的依据。活动方式以课题研究小组为主，研究成果的主要呈现样式为课题研究报告。与教学型教研相比，研究型教研具有更深入、更规范、更科学、更具针对性等特点。

一、相关概念

课例研究以课为载体，课题研究以问题为载体。何谓问题？陈桂生教授认为："一是所'问'之'题'，或有疑问之事；一是指事物的严重性，如通常所谓'成问题'。"[①] 正是这些"疑问"之事和"成问题"的事情，引发了教育科学研究者的探究心理，推动了教育科学的深入发展，因此，问题是构成研究活动的核心因素，是推进科学前进的内在动因。但是问题

---

① 陈桂生：《教育学的建构》，湖南教育出版社1998年版，第8页。

本身又是怎么来的呢？它来自研究者的询问、发问与追问。教师只有养成向教育教学日常生活询问、发问与追问的意识和习惯，才能不断提出有意义的值得研究的教育教学问题。但是教师职业本身的相对封闭性和教师日常生活的重复性特征却容易使得教师对他自身所面临的问题熟视无睹，当问题习以为常地不再被看作是问题，解决问题就无疑成为天方夜谭或曰痴人说梦。[1] 课题研究更是无从谈起。

从不同角度可以把问题分为不同的类型。从问题指向和层次来分，有理论问题和实践问题，理论问题是关于"是什么"、"为什么"的问题，即事实问题，价值问题；实践问题是关于"做什么"、"怎么做"的问题，即操作问题，实证问题。

从问题性质和意义来分，有真问题和假问题，其区分维度在于事实——虚构、有意义——无意义。在教学研究中，真问题起码应具有两个方面的属性：第一，客观性，即所说的问题是客观存在的，是教室里发生的"真实的问题"而非"假想的问题"，是教师（研究者）"自己的问题"而非"他人的问题"。第二，价值性，即所说的问题对教学理论与实践的发展来说是具有意义的。问题探究有助于揭示教学规律，深化教学认识，或有助于解决教学问题，改善教学实践。

课题的形成是一个由感觉、意识到的问题经过概括、提炼、转化到确定问题的过程，确定问题意味着该问题已经成为研究者关注的焦点、思考的对象，对问题的探究已经成为研究者的行为和工作。从教师角度而言，研究课题的确立要基于以下五个方面的考虑：

第一，学科背景。课题要与自己任教的学科相关联，从而使课题研究活动与日常的学科教学活动合二为一，体现"教学即研究"、"研究教学化"的理念。

第二，经验基础。任何研究都不可能凭空进行，教师原有的教学、研

---

[1] 管锡基、陈为友：《校本教研与文本阅读》，《中国教育报》2004年7月8日第8版。

究的经验和基础是开展课题研究的必备条件。

第三，兴趣爱好。每个教师都有自己的专业兴趣点，有的教师喜欢探究学科本身的问题，有的教师乐意思考教学过程的问题，有的教师则对学生及其成长感兴趣，课题研究要是能反映教师个人的兴趣爱好，则能起到事半功倍的效果。

第四，教学意义。教学意义是研究课题的价值定位。研究课题应该围绕教学活动中重点、难点等具有普遍性的问题来确立，从而使课题的研究在化解教学难点、重建教学模式、改进教学方式上有所突破，有所创新，有所前进。

第五，实际可能。课题研究对研究资料、人员素质、时间投入、学术环境等都有一定程度的要求，一方面学校要积极营造研究氛围、创造条件；另一方面，研究课题的确立一定要从学校和教师实际出发，同时着眼于学校和教师最迫切需要解决的问题。

二、课题类型

依据不同的标准，课题可被划分为各种不同的类型，这里主要讨论与教师研究联系最为密切的两类课题——规划课题与个人课题。

规划课题一般是指由教育行政部门批准立项的课题，分为国家、省、市、县（区）级课题等，由教育行政部门委托各级教育科研部门进行规划、申报、评审和管理。规划课题具有较高的组织程度，并具有较强的宏观性、前瞻性和理论性，其研究偏重学术性、政策性和普遍性，与基层教师的教育教学有一定距离，与他们的实际需要往往也不相吻合，因而缺乏针对性和指导意义。[①]

"个人课题"一般是指由教师个人独立或教师小组合作承担的课题。它是一种切合教师自己教育教学实际的、对改进教师自己教育教学有用

---

① 参见刘永和：《基层教师呼唤"个人课题"》，《教育科学研究》2004年第6期。

的、能够促进教师自己专业发展的课题。

"个人课题"具有以下特征：

（1）从研究目的看，"个人课题"主要解决教师个人教育教学中出现的问题，"我们在研究如何让不交作业的学生交作业，我们在研究如何让学生喜欢自己的课，我们研究的都是真实的课题和有生命力的课题，都是发生在学生和前线的课题"①。

（2）从承担者的角度看，"个人课题"由教师个人自己确立并独立承担，教师即研究者，是研究的主角，而不是配合专家进行研究。当然，教师在研究过程中需要专家的引领、帮助和指导。

（3）从研究内容看，"个人课题"一般是小课题，"小"指的是研究内容和范围，而不是指研究价值和意义。

（4）从研究方法看，"个人课题"主要采用适合教师个人的叙事研究、个案研究和行动研究等方法。

（5）从研究成果看，"个人课题"的研究成果强调"做得好"的基础上"写得好"。"做得好"表现在实践上的创新和经验的先进性，"写得好"体现在研究报告的形成既具有个性意义的扎实理论，又具有教师自己的"话语系统"，它是在质的研究中形成的、富有教师内心体验的、情境性、过程性的描述。②

规划课题自上而下，个人课题自下而上。当然，规划课题和个人课题的划分绝不是截然的，规划课题进入学校层面，就会转变或分解为许多教师的个人课题；而个人课题经过发展、提炼、总结也可以升华为规划课题。对中小学教师而言，重要的不是课题的级别和类型，而在于课题的针对性和实效性，这也是校本课题研究的灵魂。从学校的角度来说，个人课题的立项标准主要看：这是不是一个真实的实践问题？解决这个问题对改

---

① 陈小平：《教科研：你何时才能平易近人?》，《教书育人》2004 年第 5 期。
② 郑慧琦：《谈学校教育科研评价的基本取向》，《上海教育科研》2003 年第 5 期。

进教学实践和教师教学行为有无积极作用？作用有多大？

三、课题研究的步骤

1. 界定研究内容

准确界定研究内容是课题研究的前提和关键，一个有待研究的问题不管大小，一般都是可以也应当进一步具体化的。研究内容的界定不但将课题分解为一个个可以直接着手的具体的问题，也规定了一定的范围，任何一项研究不可能也不必要将课题所能涉及的所有问题进行全面研究。中小学教师开展课题研究首先必须明了研究的内容，否则，研究工作将无从着手。如对"中小学生自主学习能力培养研究"课题，我们界定的研究内容是，第一侧重理论方面的有：①自主学习的本质和特征；②自主学习能力构成和表现；③中小学生自主学习能力形成和发展的过程和规律。第二侧重实践方面的有：①中小学生自主学习能力培养的教学原则、教学策略；②以自主学习为核心的课堂教学模式；③各学科自主学习的特殊性。这样的内容界定使课题具体化、明朗化，问题结构的层次也比较清晰，各科教师都可以选定其中的任何一个问题，作为课题研究的切入点、聚焦点和突破点，任何一个问题在解决的过程中，必然会引发新问题，从而成为研究课题的派生问题。

2. 设计研究方案

研究问题明确后，就要进一步分析问题的成因，规划问题解决的方法和步骤。这里最重要的工作有二：第一，要了解已有研究成果，学习相关理论。任何课题研究都不是从"零"开始，有效的研究都是以原有成果为起点的。教师要围绕课题研究的问题，搜集相关的文献，并对文献进行认真阅读和分类梳理，从而全面了解同类或相关课题研究现状方面的信息，明确已有的研究结论和经验，发现原有研究的不足，站在问题的前沿，寻找研究问题的理论支撑，保证研究工作在理论指导下有针对性地开展。第二，提出自己的研究假设，这是研究方案中最富有个性化和创造性的部分。任何假设都具有假定性、科学性和预见性。所谓假定性是说它具有推测的性质，即这种假设是现实中暂不存在的或未被确认的，或虽见于彼处却未见于此处的，它可能被实践证实，也可能被证伪，因此，假设决定了研究的探索性。但是假设又并非臆断，它以教育理论为导向，以经验事实为根据，以原有研究为借鉴，又经过研究者的论证和交流，因此，假设又具有科学性，正是科学性避免了研究的盲目性。假设也是一种走在行动之前的思想，一种先于事实的猜想，是研究者从思想观念上对未来的洞察和把握，所以它能使研究活动更富有预见性。事实证明，一个好的假设，是课题研究的关键。当然，一个好的有价值的研究假设的提出是经过一个过程的，研究者要在研究过程中不断修改、完善研究假设。

3. 开展研究

研究方案只是一个解决问题的思路和设想，课题研究的核心是行动，行动是研究方案付诸实践的过程。但是这种行动不是一般意义的行为和动作，而是一种变革、改进、创新，是一个寻找问题解决、创造教育实践新形态的过程，它具有以下特征：

第一，验证性。检验研究方案的可行性，证实或证伪研究假设。这是课题研究的基本特征。

第二，探索性。发现和寻找各种新的可能性。行动绝不是按图索骥按部就班的机械活动，而是一种积极寻找和探索解决问题、达到目的的最佳途径和最佳策略的过程。这意味着教师在行动时，不应拘泥于原有的假设和事先的设计，要根据实际情况，随时对方案作出有根据的调整、变更。探索性是课题研究的本质特征。

第三，教育性。服从、服务于学生的成长和发展。任何行动都应该无一例外地遵循人道主义原则，体现教育活动的价值导向和人文关怀，无条件地有利于所有学生的成长和发展，这是行动的最高原则。验证和探索只有在完整地关注学生的全面成长的前提下进行才是有价值的、符合教育道德的。教育性是课题研究的灵魂。

行动研究不仅需要行动，而且也要求"写作"。教师应将行动过程中发现的新问题、激发出的新思考、新创意如实而全面地记录下来，并形成改进自己教学行为的方案，在以后的教学实践中作新的尝试，在尝试过程中再记录新发现，形成新思路，从而使自己的教学行为处于不断的重新建构之中。①

4. 总结研究成果

总结在课题研究中既是一个研究循环的终结，又是过渡到另一个研究循环的中介。在总结这个环节中，教师作为研究者主要要做以下几件事：

第一，整理和描述。即对已经观察和感受到的，与研究问题有关的各种现象进行回顾、归纳和整理，其中要特别注重对有意义的"细节"及其"情节"的描述和勾画，使其成为教师自己的教育故事或教学案例。这是叙事研究在课题研究中的体现，它会给教师的研究带来新的变化，教师作为研究者不再依赖于他人的话语而转向直接讲述自己的教育生活经历和教育生活体验，"做自己的事"、"说自己的话"。这是个人课题校本研究改变教师职业生活方式的关键。

第二，评价和解释。在回顾、归纳和整理的基础上，对研究的过程和结果作出判断，对有关现象和原因作出分析和解释，探讨各种教学事件背后的理念，揭示规律，提高认识，提炼经验。

第三，重新设计。针对原有方案及其实施中存在的各种偏差或"失误"，以及新的感悟、新的发现、新的认识和新的思考，修改原有方案或重新设计方案，并付诸实施，进行进一步的检验、论证和改革探索。个人课题研究的目的是为了改进和改正，它不可能停滞在一个凝固的"成果"上，而是一个不间断的自我修订、自我完善的"过程"。所以，任何总结，都只是意味着一个新的开始。

---

① 宋林飞：《还教师应有的科研范式——兼论群众性教育科研的体制创新》，《上海教育科研》2003 年第 5 期。

在上述工作之后，教师应该撰写一份相对完整的课题研究报告，其构成主要包括：①课题提出的背景；②课题研究的目的和意义；③已有研究成果；④课题研究的内容、目标；⑤课题研究的实施过程；⑥课题研究的主要结论。这是一般的体例，切忌将其形式化和绝对化，写作过程也要避免"科学化"、"客观化"的纯理性论述，要积极采用生活故事和经验叙事来撰写课题研究报告，突显课题研究的人文性、个体经验性，反映教师的个体体验和个体实践知识，使研究报告充满生活气息和人文气息。

课题研究过程是一个螺旋上升、循环发展的动态过程，它不是一个线性结构，而是一个不断的趋向问题解决的复式循环结构。实践证明，课题研究对于提升教师科学素养和理论水平具有特别重要的推动作用。

学习型教研，以学为着眼点，旨在通过学习来提高教师的教学水平和专业素质，为提高教学质量提供保证，为教师专业发展奠定基础。

第三种类型：学习型教研

学习型教研，以学为着眼点，旨在通过学习来提高教师的教学水平和专业素质，为提高教学质量提供保证，为教师专业发展奠定基础。因此，也被称为"提高性研究"。研究表现为一种学习——"研究性"学习。这种学习不是去掌握一些理论术语和时髦名词，而是理解和领会理论的内在实质，学习理论所蕴涵的反思和研究精神；不仅仅是运用理论来解决自己的实践问题，而是利用理论来对自己的实践加以思考。[①] 读书和思考是研究的主线，观摩和交流是研究的途径，读书笔记、读后感、观后感是研究结果的主要呈现样式。为此，学习型教研在广义上可以被看作一切有利于教师教学的直接或间接的准备性研究活动。在这个意义上，它包括了教学型教研和研究型教研；在狭义上则指课例和专题研究之外有利于教师教学的直接或间接的准备性研究活动。下面所讨论的主要是狭义的学习型教研。

一、教师学习的意义

1. 对学生成长的意义——为学生而学习

教师是引导和帮助学生进行学习的专业人士，要是教师自己不学习，那么，这种"引导"和"帮助"就会变成一种说教和强制，其效果可想而知。教师劳动的重要特点是"以身示范"，唯有学而不厌的教师才能培养热爱学习的学生。一些学校为了刺激学生读书，开展了师生读书比赛活

---

① 李小波：《呼唤实践理性观》，《中国教育学刊》2005年第3期。

动,取得了双重成效。

教师教好书的根本支撑是自己要成为一本书。没有持续的学习,广泛的阅读,教师就不可能获得深厚的学识和素养,那样教学就会沦落为以书教书。教师要通过阅读和学习把自己打造成一部让学生百读不厌的书,这部书比起课本对学生的影响要深刻和持久得多。为"学生而读书"是教师阅读的第一推动力。

2. 对教育教学的意义——为教学而学习

当前,面对新课程新的设计思路、新的目标要求、新的内容体系、新的实施策略,面对急剧发展变化的教育对象,教师必须不断学习,终身学习,成为学习型教师,唯其如此,教师才能不断更新自己的教育教学观念,丰富自己的学识,拓宽自己的专业知识,提高自己的教育教学能力,从而适应不断发展的教育教学的需要。相反,教师要是"吃老本",固守原有的经验,缺乏学习和进取的意识,他就会落后于时代的发展,甚至被时代所抛弃,成为学生眼里的"老古董",成为新课程推进的阻力。实践证明,教师通过学习,可以汲取进行教育教学工作的精神营养,并把这种精神营养转化为自己的工作能力和综合素质,充分提高教育教学效果。

3. 对教师个人的意义——为自我而学习

对教师而言,学习不仅仅是对外在变化的一种适应,更应是内在生命的一种自觉,是来自教师内心深处的个人所需,是一种自我的要求,它与教师微观的教育教学工作可能无直接关联,并不是为了"教"而去"学",而是作为完善现代"社会人"的角色而进行的修炼与自我提高。它以完善人和丰富人性、充实文化底蕴和生活情趣、体验人生为目的。① 这种学习虽不直接指向教学工作,但却有助于塑造教师新形象,有助于教师用更广阔的视野来思考和实践新课程,用更为厚实的文化底蕴来支撑教育教学,

---

① 《浅论中小学教师素养自我提高的"第三条通路"》,《全球教育展望》2003 年第 1 期。

用更完善的人格魅力去熏陶和感染下一代。古语说得好："腹有诗书气自华。"教师只有成为真正意义上的"知识人",才能领略到"教育者的尊严"。一旦教师停止了学习,教师的工作便如同机械的运作,在机械枯燥的活动中教师会丧失人的本质,会觉得生活毫无意义,会沮丧而没有活力。这一切都将使教师工作显得多么令人厌恶。因此,学习本身还能拯救教师自己。

二、教师学习的对象与途径

1. 读书（读文）

读书是教师学习的最基本途径,新课程背景下教师要着重读好以下四类书:

第一类,教育类。教育知识是教师职业的条件知识。课程改革呼唤教师教育知识更新。当前,为了更新和提升教育知识,教师必须阅读:

①新课程图书。围绕课程改革纲要及其解读,课程标准及其解读以及新课程新理念的相关著作,进行全面系统的阅读,真正领会和把握新课程的精神实质和核心思想。

②教育文章。一份调查表明,教师最喜欢阅读的教育文章依次为:一是"叙事性教育文章"（占54%）,"叙事性教育文章一般有较强的故事性,不仅有趣味,还能启发人去思考问题,分析问题,并能解决以后日常教学工作中的相关问题"。二是"教育案例分析"（占32%）,"一个案例,就是一面镜子,它可以折射出教育的意蕴。通过个案分析,它可以提醒我们,要以此为鉴,以此为戒"。三是"教育杂感或随笔"（占12%）,"教育杂感或随笔,一般都具有时代感和针对性,它往往结合当前教育领域中的一些现象,以独特的教育视角,抒发个人深刻的见解。同时,这类文章一般短小精悍,思想深邃,能够启人深思,唤起人们的责任意识"。四是"理论性文章"（占2%）,"优秀的教育理论文章具有很强的指导性,它可以使我们从宏观上去把握教育规律,认识教育的意蕴,能够帮助我们进一

步做好教育教学教研工作"。①

显然,前三种文章都算是"教育散文",后一种文章可称为"教育论文"。随着新课程的实施和校本教研的推进,教育散文越来越受到推崇和青睐,已经成为教师阅读的主要文章,但是,我们依然提倡教师阅读一些重要的理论文章,提升理论素养。

③教育名著。教育名著是经过历史反复验证、得到世人公认的优秀或知名的教育著作。教师要特别重视教育名著的阅读,清楚、深入地把握教育名著中最主要的思想观点及其理论要旨,体会教育理论的精髓,准确、扎实地进行教育专业基础理论的学习和思考,获得真正系统的而不是一知半解的知识,并从中悟出精神,形成思想,在理论上正本清源,走向教育理论的源头。②

第二类,专业类。学科知识是教师职业的本体知识,新课程对教师的学科专业知识也提出新的要求。只有拥有深刻和广博的学科专业知识,教师才能从容地应对新课程的挑战。教师要跳出课本和教参的小圈子,进入更广阔的专业书籍空间展开阅读,并且要读得深、读得透。唯其如此,才有可能成为本专业的行家里手。

第三类,文化类。教育是一个宽泛的文化领域,各门类的知识无不蕴涵教育智慧的宝藏。真正的教育必须以文化为根基,教师要不断致力于"人所具有的于我皆不陌生"(马克思),在更为广阔的人文生活视野下,进行广泛的阅读,汲取人类的文明,丰富自己的学识,提高自己的素养,使自己成为真正意义上的文化人。

第四类,其他。如报纸杂志、网络资讯、广告等等。教师唯有博览群书,博闻广识,才能永葆思维的青春活力。

---

① 张帮群:《教师最喜欢阅读哪类教育文章》,《中国教育报》2004年8月12日第4版。
② 侯怀银:《让阅读成为教师的基本生活方式》,《教育科学研究》2004年第2期。

2．读"图像"

这是一个被称为读图的时代。我们学习的对象不再仅仅局限在文字材料，具体可感的画面和图像也成为我们学习的凭借。在这方面，多媒体技术已经为我们提供了便利的条件。听专家讲座和报告已经成为教师学习的一个重要渠道。专家毕竟是某个领域有造诣的专业人士，他们厚积薄发的演讲常常会给人以智慧的启迪，况且现在不少专家在报告中都会穿插切合教师实际生活的"案例"和"故事"，使教师产生共鸣，感到亲切。听名师现场授课或观看名师课堂录像是最受教师欢迎的学习形式，不少教师特别是青年教师从名师身上获得榜样的力量。此外，现在有些学校还通过组织教师观看"教育电影"和"教育电视节目"进行学习，这是最生动最有趣的学习形式。

3．读"人"

"人是社会关系的总和"，"一个人的发展取决于与他直接和间接交往的其他一切人的发展"（马克思）。读"人"首先是读与自己直接交往的人，向同事学习，向身边的优秀教师和骨干教师学习，从他们中间确立自己学习的榜样。一位课改实验区的教师十分动情地写道："走近同事，才发现专家就在身边。"教师成长的最理想环境，是一种合作的发展文化。教师之间通过相互观摩，相互交流和讨论，相互提出建议和批评，实现互动和共同成长，这是教师学习的最经常、最富有成效的途径。读"人"还可以读与自己间接交往的人。有个课改实验区，鼓励教师与自己心目中的全国教学名师写信讨教，收到意外的反响和成效。

4．"第三条通路"

"第三条通路"是指非行政体系和群体意志的，而是来自教师自身个体的、内化的学习行动。即教师个体的自我学习、自我感悟、自我默会和自我提高。与正规的教师继续教育体系不同的是，"第三条通路"倡导教师从个人生活、家庭生活、学校生活和社会生活出发，积极进行人生的实践和体验，并在其中感悟、学习、提高。显然，这种学习，不是一种纯理论、纯概念的学习，而是融入教师生活之中的全部内容。它需要教师在自己的生活中提炼学习的内容；在积极的人生体验中，完成感悟和提高。"第三条通路"并不反对书本的学习、理论的学习，但是它更侧重教师从实践体验出发，实践联系理论，在个人的体验感悟中，实现自我的完善和升华。①

三、教师学习的机制与原则

1. 建立学习型学校

学习型学校的本质特征就是"学习"。通过学习，淡化学校组织的行政色彩，提升学校组织的文化品质。其一，它强调"终身学习"。即学校中的成员均应养成终身学习的习惯，这样才能形成组织良好的学习气氛，促使其成员在工作中不断学习。其二，它强调"全员学习"。即学习组织的决策层、管理层、操作层都要全心投入学习，尤其是学校决策管理层，他们处在决定学校的发展方向和命运的重要位置，因而更需要学习。其三，它强调"全过程学习"。即学习必须贯彻于学校组织运行的整个过程之中，也即学校教育教学活动的全过程，形成一种工作即学习、学习即工作、教学与研究互动提高的良性机制。其四，它强调"团体学习"，即不但重视个人学习和个人智力的开发，更强调学校成员的合作学习和群体智力（组织智力）的开发，强化组织成员彼此理解支持、协调合作、团体学习、激发集体智慧、共同提高的重要性，使学校成为一个真正的学习共同体。

2. 倡导"全息"学习

"全息"学习是一种全身心参与的学习。它强调三"到"②：第一，手到——坚持记笔记。"好记性不如烂笔头"，手到是读书最基本的要求。记

---

① 毛放：《浅论中小学教师素养自我提高的"第三条通路"》，《全球教育展望》2003 年第 1 期。
② 武岩钧：《我给"懒读症"开处方》，《中国教育报》2004 年 10 月 7 日第 4 版。

笔记一般可分为：一是摘录式笔记，把一本书或一篇文章的重要论点或基本内容提纲挈领地记录下来；二是心得式笔记，用自己的语言写下读书后的感受、认识、体会、启发以及收获等（学习日记）。记笔记实际上是一种知识积累的过程。第二，心到——养成"研究性"阅读习惯。所谓心到，就是用心思考，这是读书学习最根本的要求。通过独立思考，理解文本的要点，发现文本的思想，感悟文本的精神；通过独立思考，激发教师批判意识的觉醒、促进教师反思能力的提高，从而不仅读出文本的精神，也读出"自我"。第三，身到——把学到的东西及时用到课堂。所谓身到，就是身体力行，把读书学习与创新实践结合起来，其实质就是理论联系实际。通过"身体力行"，把书本知识特别是教育知识读懂、读活，"纸上得来终觉浅，绝知此事要躬行"。没有实践体验，很多知识只能是一知半解。通过"身体力行"，把理论与实践、观念更新和行为改变统一起来，这个过程也是把知识转化为能力的过程。这是读书学习的最终目的。

苏霍姆林斯基在《帕夫雷什中学》一书中曾深刻地指出："集体的智力财富之源首先在于教师的个人阅读。真正的教师必是读书爱好者，这是我校集体生活的一条金科玉律，而且已成为传统。一种热爱书、尊重书、崇拜书的气氛，乃是学校和教育工作的实质所在。""如果大家不喜欢书籍，对书籍冷淡，那么，这不能称其为学校。"[①]

[①] 郭辉雄：《读和写，我的两个翅膀》，《中国教育报》2004年12月9日第7版。

后　记

　　2001年，新课程进入实施阶段，为了引领和促进新课程的健康、持续、深化发展，教育部基础教育司成立了两个专业支持工作小组，一个是课堂教学的，另一个是校本教研的。作为课堂教学专业支持工作项目组的组长和校本教研专业支持工作项目组的核心成员，我全程参与了两个项目的研究工作，甚至可以说，我的主要工作就是做这两个项目，至今已整整八年了！

　　课堂教学改革是本次课程改革的一项核心任务，课程改革进入实施阶段，"课改"实质上就是"改课"了！新课程背景下课怎么上？新课程的课堂教学与传统的课堂教学有哪些根本区别？课堂教学怎么实现"三维目标"的和谐统一？生成和预设的关系怎么处理？如何保证课堂教学的有效性？如何实现高效、优质的教学？如何推进学生学习方式和思维方式的变革？怎么处理学生自主学习与教师主导作用的的关系？这些问题是课堂教学改革必须直面和回答的问题。

　　校本教研是本次课程改革的一个亮点，将教学研究的中心下移到学校，建立与新课程相适应的以校为本的教学研究制度，是课程改革的一个创举，是课程改革持续深化发展的重要保障。校本教研的本质和特点是什么？教师怎样形成教学、研究、学习一体化的教学工作方式？什么样的自我反思有助于教师改进教学？同伴互助怎么由形式走向实质？如何实现教学理论与教学实践的互动发展？教师怎么做课例研究？教师怎么参与课题研究？这些问题是校本教研必须直面和回答的问题。

　　八年来，我从理论与实践相结合的角度对上述问题进行深入的研究，并在这个基础上撰写了一篇篇论文，形成了一个个报告。这些论文和报告是我应邀到全国各地讲学的主题和内容。由于这些论文和报告来自实践，所以我的讲演很受中小学教师的欢迎。现在应华东师范大学出版社的邀请，我把这些论文和报告整理成册，也算是对自己多年来研究的一个小结吧！

图书在版编目（CIP）数据

有效教学十讲/余文森著. —上海：华东师范大学出版社，2009
 ISBN 978-7-5617-7084-9
 Ⅰ. 有... Ⅱ. 余... Ⅲ. 中小学—教育研究—文集
Ⅳ. G632.0-53
 中国版本图书馆 CIP 数据核字（2009）第 073831 号

大夏书系·有效教学

有效教学十讲

著　　者	余文森
策划编辑	朱永通
文字编辑	王　莹
封面设计	大象设计
责任印制	殷艳红
出版发行	华东师范大学出版社
社　　址	上海市中山北路 3663 号　邮编 200062
电　　话	021-62450163 转各部
行政传真	021-62572105
客服电话	021-62865537（兼传真）
邮购电话	021-62869887
门市地址	上海市中山北路 3663 号华东师范大学校内先锋路口
网　　址	www.ecnupress.com.cn
印 刷 者	北京密兴印刷有限公司
开　　本	700×1000　16 开
印　　张	17
插　　页	1
字　　数	230 千字
版　　次	2009 年 10 月第一版
印　　次	2024 年 8 月第四十二次
印　　数	255 951-256 950
书　　号	ISBN 978-7-5617-7084-9/G·4005
定　　价	49.80 元
出 版 人	朱杰人

（如发现本版图书有印订质量问题，请寄回本社市场部调换或电话 021-62865537 联系）